GUÍA PARA HABLAR Y COMUNICARSE EN ESTADOS UNIDOS DE AMÉRICA

Libro de autoaprendizaje para hispanohablantes no nativos

Blas Delfin Castano

WESTBOW
PRESS®
A DIVISION OF THOMAS NELSON
& ZONDERVAN

Puede hacer pedidos de libros de WestBow Press en librerías o poniéndose en contacto con:

WestBow Press
A Division of Thomas Nelson & Zondervan
1663 Liberty Drive
Bloomington, IN 47403
www.westbowpress.com
1 (866) 928-1240

ISBN: 978-1-6642-5064-2 (tapa blanda)
ISBN: 978-1-6642-5063-5 (libro electrónico)

Número de Control de la Biblioteca del Congreso: 2021923757

Información sobre impresión disponible en la última página.

Fecha de revisión de WestBow Press: 02/16/2022

CONTENIDOS

RECONOCIMIENTO

El autor desea expresar su agradecimiento a todos por hacer posible la realización de este segundo libro de revisión.

En primer lugar, a Dios Todopoderoso por haberme dado la sabiduría, la guía y su amor infinito. Te dedico esta obra maestra, mi Señor Jesús.

A mi esposa Laura Darling Moo por su aliento, paciencia y por ser mi fuente de inspiración.

A mi querido primo, Roger Delfin, por su apoyo, confianza y por ser mi socio de negocios.

A Mia Jack, Kat Tolentino, Francisco Medina y David Cruz por su valioso apoyo.

Sinceramente, ¡gracias a todos!

PRÓLOGO

*"**El sueño americano...** ¡Siempre quise ser parte de eso!".*
Casi todos en el mundo han querido lograr esta experiencia:
tener plenitud financiera, libertad, ser parte de la cultura
estadounidense, progresar y crecer profesionalmente.

Comencé como un joven ingeniero en Sillicon Valley, California,
trabajando para una empresa pequeña. Comunicarme nunca fue
difícil, ya que el 95% de sus empleados eran hablantes no nativos.

Tras cinco años, mi familia decidió mudarse a Houston, Texas,
y conseguí un nuevo trabajo en una empresa fabricante de
computadoras líder de la industria. 3 de cada 4 empleados de
esta empresa eran nativos de la lengua.

Un amigo me habló sobre lo difícil que podría llegar a ser
comunicarme, dado que hablaba un inglés más bien tradicional.
El mes siguiente, la situación ya se había convertido en una
pesadilla. Solía saltarme temas importantes en nuestras reuniones
grupales, y me avergonzaba. Siendo un recién llegado migrante
a los Estados Unidos, no entendía la estructura de las jergas,
frases o modismos utilizados por los hablantes nativos. En segundo

lugar, estaba el acento de los nativos: esto añadía un nivel extra de dificultad.

Como profesional, me preocupé profundamente por esto, y quise mejorar mi comunicación en inglés estadounidense. Me tomé el tiempo respectivo para estudiar, y mi persistencia dio sus frutos. Con perseverancia, llegué a convertirme en un hablante nativo. Mis compañeros no nativos, quienes aún no buscaban mejorar en este aspecto, quedaron en el camino, todavía con cuestiones comunicativas y habilidades que aprender.

De vez en cuando, llego a ver a los nuevos recién contratados que no son hablantes nativos del idioma. Y observo cómo enfrentan los mismos obstáculos. Me veo reflejado en ellos. Hubo momentos en los que estos nuevos empleados me pedían consejos. Así fue como me pregunté a mí mismo: ¿por qué mejor no escribir un libro? Escribir esta obra maestra se convirtió, pues, en mi pasión, además de ponerlo a disposición en diferentes idiomas, como el francés, japonés, chino, alemán, entre otros.

Sin lugar a duda, muchas personas alrededor del mundo podrán beneficiarse.

Después de años de investigación, trabajo duro y dedicación, este libro está disponible para usted.

PRÓLOGO

¡Gracias, y felicitaciones por comprar este libro!

Ha tomado una buena decisión al considerar esta guía fácil y rápida para aprender a conversar en inglés estadounidense. A pesar de que nos enseñan inglés en la escuela, su estructura es muy distinta en los Estados Unidos. Además de sus múltiples acentos, los hablantes nativos utilizan variaciones de jergas localizadas, frases o modismos que podrían ser difíciles o desconocidos para aquellos no hablantes nativos del idioma (extranjeros).

Para que tenga una guía completa, este libro se dividirá en lecciones. Primero encontrará frases de ejemplo en inglés. Luego, esa misma frase aparecerá traducida al español. Y, finalmente, habrá una aclaratoria de cómo se dice esa frase según las jergas, frases o modismos estadounidenses.

Existen cientos de miles de jergas, frases o modismos utilizadas comúnmente en los Estados Unidos.

Este libro le ofrece una mejor ventaja comparada con otros similares o en línea, disponibles hoy en el mercado.

1. *Las jergas, frases o modismos de este libro son palabras o enunciados comunes utilizadas en conversaciones diarias. A diferencia de otros libros que pueden encontrarse en el mercado o en línea, algunas o la mayoría de las jergas, frases y modismos descritos no son comunes, y esto tiende a confundir a los lectores.*

2. *Las frases de ejemplo están presentadas en tres formatos. En principio, se describe cómo se dice la frase en un inglés común. Después, cómo este primer ejemplo se traduce al español. Y, por último, cómo la frase de ejemplo sería dicha con jergas, frases o modismos estadounidenses. Esto le permitirá al lector tener la guía y referencia apropiada.*

Ejemplo:

- **He is a ham** – significa que a la persona le gusta que le presten atención
  - ➢ Frase de ejemplo: The clown does fancy acts and he like people attention.
  - ➢ (Nota: Este es el "primer ejemplo", en color ROJO).
  - ➢ Frase de ejemplo traducida al español: El payaso hace espectáculos de fantasía y le gusta la atención que le da la gente.
  - ➢ (Nota: Este es el "segundo ejemplo").
  - ➢ Cómo decir la frase de ejemplo con jergas, frases o modismos estadounidenses: The clown does fancy acts, and **he is a ham.**
  - ➢ (Nota: Este es el "tercer ejemplo", en color ROJO)

3. *Las jergas, frases o modismos se agruparon y clasificaron de manera apropiada según donde eran mayormente utilizados.*

Sin embargo, el uso de jergas, frases o modismos clasificados es intercambiable, y podrían variar según corresponda.

Por ende, una jerga, frase o modismo clasificado como GENERAL podría también ser utilizado en un AMBIENTE LABORAL.

Clasificaciones

a. *Utilizados en asuntos interpersonales*
b. *Utilizados en conversaciones generales*
c. *Utilizados en un ambiente laboral o de negocios*
d. *Utilizados en un restaurante o cena de lujo*
e. *Utilizados al viajar*
f. *Utilizados al ir de compras*

Dados los beneficios ya descritos, este libro de fácil manejo le resultará muy efectivo.

*Revise cada sección, tómese tu tiempo para aprender, memorizar y aplicar estas frases gradualmente durante cualquier conversación. El autor recomienda pedirle ayuda a un amigo hablante nativo durante su proceso de aprendizaje. **NO** utilice inmediatamente las palabras o frases que aprenda de este libro hasta que haya dominado su correcto uso y situaciones específicas en donde utilizarlas.*

PREÁMBULO

Según el censo de la web, el inglés es el idioma más hablado en el mundo por encima del mandarín, español y francés. Según su clase, también es categorizado como una "lengua mundial", haciendo referencia a que es un dialecto hablado por las personas universalmente, y que se adquiere mediante el proceso educativo. Se estima que hoy en día hay entre 375 a 400 millones de hablantes nativos, e inclusive más. La capacidad de hablar en inglés, particularmente dentro de los Estados Unidos, es un estándar comunicativo en muchas áreas como la comercial, profesional, de publicidad o de negociaciones. El inglés es enseñado en la mayoría de los países y se considera un estándar internacional para una educación continua. Debido a su dialecto, al inglés se le refiere como un idioma mundial o la "lengua franca[1]" de los últimos tiempos en muchas partes del mundo. Si bien el inglés no es el idioma oficial de la mayor parte de países, a menudo es enseñado en la escuela como idioma secundario en todo el mundo.

Vamos a poner un escenario típico como ejemplo: el evento comunicativo entre un hablante nativo y uno no nativo. Tras

---

[1] **Lengua Franca** – un idioma sistemático utilizado entre personas que no comparten su lengua materna.

juntarse, se produjeron ciertas fallas en la comunicación. La causa es a menudo atribuida al acento del hablante nativo. Después está el uso de jergas, frases o modismos que dificultan el proceso de comprensión para el hablante no nativo. Esta situación es veraz cuando hay dos o más hablantes nativos en la conversación. Al final, se crean ramificaciones. Se pierden puntos importantes de la discusión, nos avergonzamos y perdemos el foco, por mencionar algunas cosas. No es raro que un hablante no nativo se halle en este tipo de situaciones de manera regular.

Este libro está escrito para aquellos hablantes no nativos del inglés estadounidense, pero no abarca la gramática del idioma, ya que las jergas, frases o modismos son palabras o enunciados independientes.

Tras adquirir este nuevo conjunto de palabras o expresiones, su habilidad para hablar y comunicarse en un entorno de inglés estadounidense estará 100% garantizada.

El autor es un hablante no nativo, un ingeniero que experimentó los mismos obstáculos cuando recién llegó a los Estados Unidos. A través de un continuo aprendizaje, adopción de las jergas, frases y modismos, descubrió que los beneficios son interminables: esto lo ayudó a mejorar y ser más competitivo, específicamente en su carrera profesional.

Si quiere que sus compañeros o audiencia nativos lo tomen en serio, hágase un favor y aprenda estas jergas, frases o modismos estadounidenses. Inclusive si no está cómodo con conocer esta información o se le hace difícil aprenderla, es importante que sepa lo que le está diciendo una persona nativa del idioma, para que pueda entender y evitar que sigan sucediendo estas fallas en la comunicación.

INTRODUCCIÓN

Una barrera idiomática es la interrupción de la comunicación entre dos o más personas provenientes de países distintos. Por lo general, esta ocurre durante una discusión en donde se utilice el inglés estadounidense y los hablantes nativos no entiendan una parte o partes de la conversación. Además de que los hablantes nativos tienen un acento distinto, existen diversas frases de jergas o modismos localizados únicamente al inglés estadounidense, lo que significa que estas son usadas solamente dentro de los Estados Unidos. Este inglés es *distinto* al europeo, canadiense, suramericano o asiático.

En teoría, el inglés estadounidense debería estructurarse de manera tal que sea un protocolo universal para evitar las brechas de la comunicación, pero esto no es así. El uso de frases de jergas y modismos es una forma de vida para los países anglosajones. Estos dichos varían significativamente de país en país.

Los hablantes no nativos podrían experimentar barreras idiomáticas al visitar o migrar a los Estados Unidos, y esto resultaría en experiencias no deseadas, vergonzosas o frustrantes.

Como hablante no nativo, imagínese conversando con un estadounidense. Puede que no entienda una parte o partes de lo que está hablando mientras lo dice. En cualquier caso, la conversación va a llegar a su punto más álgido, y no es apropiado interrumpir constantemente con frases como: "¿Podría repetir lo que dijo?" o "¿a qué se refiere con eso?".

Es posible que ignoren el malentendido y sigan con la conversación, pero tenga en cuenta que algunos de los temas que evita podrían ser importantes.

Así, va a suceder lo mismo cuando hablantes nativos lo escuchen. Podrían confundirse o no entender lo que dice. Más allá de decepcionarse, debe mejorar para próximas discusiones. Pero, ¿cómo? ¿Qué se necesita para mejorar? Desafortunadamente, tendrá que enfrentarse a situaciones vergonzosas repetidamente. Le tomará años antes de alcanzar la fluidez.

Como dije en el preámbulo, si quiere que los hablantes nativos lo tomen en serio, hágase un favor y aprenda las jergas, frases y modismos estadounidenses. Inclusive si se le hace difícil aprenderlos, es importante que pueda comprender mejor a los hablantes nativos. Esto ayudará a minimizar las fallas comunicativas o los malentendidos.

A los Estados Unidos se le refiere a menudo como la capital de la libertad, tierra de oportunidades y casa del sueño americano. Esta habilidad es un factor crucial que lo llevará al éxito o al fracaso. Sí, lo que queremos es que tenga éxito, así que anímese.

El enfoque de este libro es proporcionarle una buena orientación para que entienda mejor al hablante nativo, así como hacer que se comunique efectivamente.

CAPÍTULO 1
Reseña histórica

---

1. Historia de las jergas, frases y modismos

A menudo surgen interrogantes como: ¿De qué manera se comenzaron a usar? ¿De dónde se originaron? ¿Quiénes fueron los primeros en decirlos? ¿Qué son las jergas? Son muchas preguntas.

Por lo general, las jergas se conciben en las subculturas: grupos culturales con distintas creencias y prácticas en comparación a otros grupos más grandes. Una de estas variaciones son las palabras acuñadas.

Las palabras acuñadas son palabras, expresiones o frases nuevas, inventadas y pertenecientes a un idioma localizado. Estas luego se convertirán en jergas.

Una jerga se define como aquellas palabras o frases sin un estándar. Las jergas comenzaron como una manera de comunicación utilizada por criminales entre el siglo XVI y

XVII en Inglaterra. A estas palabras se las etiquetó como tabú o inapropiadas.

Algunos historiadores afirman que las jergas son concebidas y utilizadas por residentes de las localidades para reconocer a extraños o extranjeros. Esto último valida la teoría actualmente observada, y posiciona a este fenómeno como uno global. En Suramérica, por ejemplo, se habla español en la mayoría de los países, siendo este su idioma principal, pero a un mexicano se le hará algo difícil hablar con un hondureño.

Lo mismo sucede en los Estados Unidos, donde las variaciones de las jergas son utilizadas en cada estado. Si vamos más allá y comparamos a los Estados Unidos con el Reino Unido, Australia o Sudáfrica, las jergas serán completamente diferentes.

Las jergas, frases o modismos estadounidenses se originan y luego se unen al lenguaje regular. Hasta la fecha, muchas jergas son consideradas estándar y normales. Cada cierto tiempo surgen nuevas palabras acuñadas. Para los hablantes no nativos, algunas de estas jergas, frases o modismos, particularmente los más nuevos, son difíciles de entender.

Tal y como ya mencionamos, si es un hablante no nativo que interactúa o tendrá que interactuar en grupos dentro de los Estados Unidos, este libro lo ayudará.

Los siguientes pasos están pensados para reducir la dificultad y fallas de comunicación entre hablantes nativos y no nativos. Por favor, tenga en cuenta que la mayoría de las recomendaciones descritas a continuación aplican únicamente a hablantes no nativos.

2. Recomendaciones

Consejos sugeridos para ayudar a hispanohablantes no nativos a ser mejores oyentes en conversaciones con estadounidenses. Estos consejos son útiles en conversaciones individuales y en grupos.

Preste atención a lo que dice el hablante nativo.

Si está en una reunión o discusión grupal, debe tener un lápiz y un cuaderno pequeño a la mano. Escribe la jerga, frase o modismo que no entienda.

Sin embargo, sería ideal que también tenga una grabadora. Asegúrese de pedir el permiso que sea requerido. Luego, pídale al hablante nativo la explicación de lo que dijo.

Quizás quiera interrumpir al hablante nativo y preguntarle directamente para verificar la jerga o modismo que no entendió. Sea cortes e interrúmpalo cuando sea apropiado. Podría decir: "Disculpe, ¿podría explicarme lo que quiso decir?" o "Perdón, ¿podría repetir lo que dijo?". Puede tomar notas, pero tenga en cuenta que hacer preguntas al hablante nativo repetidamente podría ser incómodo. Como mencioné, recomiendo que utilice una grabadora. Vuelve a escuchar lo que grabó y pídale a un amigo que lo ayude. Las grabadoras tienen una buena relación precio-calidad y le darán gran valor a su proceso de aprendizaje.

Siéntese cerca de un hablante nativo durante la reunión. Si este utiliza jergas, frases o modismos que no entienda, escríbalas inmediatamente y pídale ayuda a la persona en cuestión. Escriba la jerga, frase o modismo y pregunte: "¿Qué está diciendo la persona que habla? No lo entiendo". Esto puede ser de manera privada, y lo ayudará a entenderlo inmediatamente.

Si tiene una reunión programada, asegúrese de haber dormido lo suficientemente bien y estar totalmente descansado. Con la cantidad correcta de descanso, su percepción y habilidad de entender mejorará.

Si se encuentra en una conversación individual con un hablante nativo, pídale respetuosamente que repita una porción de lo que él o ella dijo si no lo entiende.

Consejos para hablantes no nativos para ser mejores oradores durante conversaciones con estadounidenses.

Existen diversas formas para mejorar como orador. Si se destaca como un buen hablante no nativo, sus mensajes serán entendidos por los oyentes. A continuación tiene algunas sugerencias:

1. Hable lento.

Tenga en cuenta que su acento extranjero podría afectar a la capacidad del oyente para entenderle. Hablar lento le permitirá a sus oyentes nativos entender mejor lo que dice.

2. Preste atención al momento de hablar.

Si, por ejemplo, las expresiones faciales de su oyente muestran confusión, le recomiendo repetir lo que dijo. O podría decirle a los oyentes: "En caso de tener alguna pregunta, por favor, hágamela". O "¿tiene alguna pregunta?

3. Comuníquese utilizando las jergas, frases o modismos estadounidenses aplicables.

Si aún no está cómodo adoptando jergas, frases comunes o modismos, entonces no los utilice. No se exponga a esa situación. De tener la capacidad, puede decir algunas palabras con acento estadounidense. Podría ser difícil al principio. Pronuncie las palabras con el mejor acento que pueda.

4. Tómese el tiempo para practicar: esto garantiza una mejoría.

Problemas de comunicación a través del teléfono, conferencias de video o correo electrónico.

> ➢ Pídale a sus amigos nativos que le ayuden con cualquier jerga, frase o modismo que no entienda.

Las fallas en la comunicación

Existen muchas razones por las que la comunicación falla entre un hablante nativo y uno no nativo. Para comenzar, los acentos tienden a ser diferentes. Además, los hablantes nativos no están conscientes del hecho de que aquellas personas no nativas podrían no entender porciones de la conversación debido a las jergas o modismos.

Los hablantes no nativos son, en ocasiones, tímidos o pueden dudar en preguntar sobre palabras o frases que no entendieron bien por miedo o vergüenza. Asentir con la cabeza es unas de las formas con las que un hablante no nativo indica un casi entendimiento. Todo esto podría ocasionar desventajas

5

pequeñas o graves, ya que se pierden temas o puntos importantes de la conversación.

Cuando un hablante no nativo se expresa con un acento muy marcado, los hablantes nativos pueden tener dificultad en entender partes de la discusión.

Se recomienda que los hablantes no nativos continúen aprendiendo las jergas y modismos estadounidenses. Eventualmente, ambas partes de la conversación se adaptarán a la otra en pro de una conversación mucho más armoniosa.

Ventajas de aprender las jergas y modismos estadounidenses

Aprender algo nuevo requiere de dedicación. Adquirir el idioma estadounidense a través de experiencia y estudio es muy recomendable, especialmente si usted, como hablante no nativo, participa en el ámbito comercial dentro de los Estados Unidos. Las ventajas son ilimitadas. Este libro ha sido escrito para facilitar el autoaprendizaje de los hablantes no nativos

➢

A continuación presentamos el resumen de las ventajas.

- o *Menores probabilidades de avergonzarse.*
- o *Es muy satisfactorio. Tenga en cuenta que estas jergas, frases y modismos estadounidenses no son enseñadas en la escuela.*

- *Un entendimiento más rápido y mejor de las conversaciones estadounidenses.*
- *Mayores posibilidades de crecimiento, progreso y de obtener un ascenso en el trabajo (si está contratado para empresas estadounidenses).*
- *Mejor dominio del inglés estadounidense al utilizar jergas, frases o modismos.*
- *Mejor capacidad de llevar a cabo cualquier plan que tenga.*
- *Sirve para ganarse el respeto de otros.*
- *¡Éxito garantizado!*

CAPÍTULO II

*Definiendo las jergas, frases y
modismos estadounidenses*

**Definición de las jergas, frases y
modismos estadounidenses**

➤

¿Qué es una jerga estadounidense?
*Se define a una jerga como lenguaje casual. Las jergas son un
conjunto de palabras o expresiones muy informales que
no están consideradas como estándar en el dialecto. Estas
se clasifican como "palabras acuñadas" y, por lo general,
son inventadas. Las jergas se componen tanto de palabras
acuñadas, frases o conceptos extendidos para crear nuevos
significados.*

➤

¿Qué es una frase estadounidense?

Una frase estadounidense puede ser descrita como una expresión corta, escrita o hablada, a menudo transmitida mediante un enunciado. Estas frases son de un lenguaje localizado, lo que significa que las definen habitantes locales o hablantes nativos de la lengua, y las utilizan en sus conversaciones regulares.

➤

¿Qué es un modismo estadounidense?

Un modismo es una frase ÚNICA de un idioma, que en ocasiones podría ser difícil de entender o de traducir basándonos en la definición literal de las palabras utilizadas. Un modismo estadounidense muy común, por ejemplo, podría ser "The whole nine yards" (o "todo lo que hay que hacer"): esto significa poder completarlo todo.

➤

¿Cuál es la diferencia entre una jerga y una frase?

Las frases (o modismos) estadounidenses son palabras o conjuntos de palabras o expresiones que no intentan comunicar el significado literal de su enunciado. Un ejemplo de esto sería: "When pigs fly" (o "cuando vuelen los cerdos"). Esto quiere decir que es imposible que la situación en cuestión suceda. Otro ejemplo es "That will be my two cents" (o "estos seran mis dos centavos"). Esto significa que la persona que lo dice está dejando en claro su opinión.

➤

¿Es una jerga, frase o modismo estadounidense?

El autor sugiere no prestar atención para distinguir entre si una palabra o enunciado es una jerga, frase o modismo. Como hablante no nativo, es importante que las utilice apropiadamente y de manera correcta dentro de lo que está diciendo.

- ***RECOMENDACIONES DEL AUTOR y EXENCIÓN DE RESPONSABILIDAD***
    - ➤ *No utilice las jergas, frases o modismos estadounidenses cuando (como hablante no nativo) no esté familiarizado o se sienta cómodo con estos. Utilizarlas podría generar más situaciones no deseadas que buenas.*
    - ➤ ***Tómese el tiempo*** *de familiarizarse y memorizarlas.*
    - ➤ *Practique. Esto hará que (como hablante no nativo) pueda dominarlas lo más rápido posible.*
    - ➤ *Pídale ayuda o guía a un amigo hablante nativo al principio y mientras atraviesa cada etapa del aprendizaje.*
    - ➤ *Si necesita desempeñar una tarea temporal o por un período corto de tiempo en los Estados Unidos, utilice este libro como una guía y referencia rápida.*
    - ➤ *El contenido de este libro sobre jergas, frases y modismos estadounidenses tiene el ÚNICO PROPÓSITO DE SERVIR COMO GUÍA O REFERENCIA. No cubre aspectos relacionados con la "gramática inglesa".*
    - ➤ *Debido a las variaciones geográficas del idioma inglés, este libro puede contener palabras o verbos inapropiados para otros países. Los ejemplos*

contenidos en este libro han sido cuidadosamente revisados y el editor de este libro no se responsabiliza de esta condición si la hubiera.

➤ El editor no será responsable de ninguna palabra, verbo(s), jerga, frase o modismos definidos en este libro (clasificados como inapropiados, blasfemias o vulgaridades). Todo el contexto del libro fue escrito por el autor para ejemplificar e impartir un ejemplo de cómo pueden utilizarse.

CAPÍTULO III

*Lista de jergas, frases y modismos
comunes en los Estados Unidos*

Frases de ejemplo utilizadas en **ASUNTOS
INTERPERSONALES**

- **Got the picture?** – significa "¿entiendes"?
  - ➤ Frase de ejemplo: The taxi driver could not track
    the directions because his GPS was not working,
    do you understand?
  - ➤ Frase de ejemplo traducida al español: El taxista
    no pudo conseguir las direcciones porque su GPS
    no estaba funcionando. ¿Entiende?
  - ➤ Cómo decir la frase de ejemplo con jergas, frases o
    modismos estadounidenses: The taxi driver could
    not track the directions because his GPS was not
    working, **got the picture**?

- **Do you see where I am coming from?** – se refiere a un punto de vista personal.
  - ➤ Frase de ejemplo: Our new classmate will have difficulty during discussion since he is a non-native speaker. That is my point of view.
  - ➤ Frase de ejemplo traducida al español: Nuestro nuevo compañero de clases va a tener dificultades para conversar dado que no es un hablante nativo. Ese es mi punto de vista.
  - ➤ Cómo decir la frase de ejemplo con jergas, frases o modismos estadounidenses: Our new classmate will have difficulty during discussion since he is a non-native speaker. **Do you see where I am coming from**?

- **Way to go** – expresa placer o aprobación.
  - ➤ Frase de ejemplo: The mechanic repaired my car, and it is a job well done!
  - ➤ Frase de ejemplo traducida al español: El mecánico reparó mi auto, ¡hizo muy buen trabajo!
  - ➤ Cómo decir la frase de ejemplo con jergas, frases o modismos estadounidenses: The mechanic repaired my car, and **way to go**!

- **Later / Talk to you later** – es lo mismo que decir "te veo luego".
  - ➤ Frase de ejemplo: John is about to leave the office and meets Robert in the hallway. John said "I'm leaving Robert, I'll see you sometime".
  - ➤ Frase de ejemplo traducida al español: John está por salir de la oficina y se encuentra con Robert en el pasillo. John le dice: "Me voy, Robert. Te veo en algún momento".

➢ Cómo decir la frase de ejemplo con jergas, frases o modismos estadounidenses: John is about to leave the office and meets Robert in the hallway. John said, I am leaving Robert, **talk to you later**.

- **Awesome** – significa algo bueno.
  ➢ Frase de ejemplo: Our Lord God is good.
  ➢ Frase de ejemplo traducida al español: Nuestro Dios es bueno.
  ➢ Cómo decir la frase de ejemplo con jergas, frases o modismos estadounidenses: Our Lord God is **awesome**.

- **Guys** – un sustantivo utilizado para describir a un grupo de personas sin importar el género (puede ir dirigido a un grupo de hombres o mujeres).
  ➢ Frase de ejemplo: Hey everybody, let us have our lunch together!
  ➢ Frase de ejemplo traducida al español: ¡Oigan, vamos a almorzar!
  ➢ Cómo decir la frase de ejemplo con jergas, frases o modismos estadounidenses: Hey **guys**, let us have our lunch together!

- **Gorgeous** – se refiere a una mujer excepcionalmente hermosa.
  ➢ Frase de ejemplo: Miss Texas won the contest; she is exceptionally beautiful.
  ➢ Frase de ejemplo traducida al español: Miss Texas ganó el concurso. Es increíblemente bella.
  ➢ Cómo decir la frase de ejemplo con jergas, frases o modismos estadounidenses: Miss Texas won the contest, she's **gorgeous**.

- **Count on me** – quiere decir que contar conmigo, o soy una persona con la que se puede contar.
  - ➤ Frase de ejemplo: If you need volunteers for this project, you can rely on me for help.
  - ➤ Frase de ejemplo traducida al español: Si necesita voluntarios para este proyecto, puedes contar conmigo.
  - ➤ Cómo decir la frase de ejemplo con jergas, frases o modismos estadounidenses: If you need volunteers for this project, you can **count on me** for help.

- **Show Off** (o **Show Boat**) – significa una persona presumida.
  - ➤ Frase de ejemplo: Jim bought a new expensive car and boast about it.
  - ➤ Frase de ejemplo traducida al español: Jim compró un auto nuevo y costoso, y anda presumiendo sobre él.
  - ➤ Cómo decir la frase de ejemplo con jergas, frases o modismos estadounidenses: Jim bought a new expensive car, he is a **showoff**.

- **Blew me away** – significa que algo me sorprendió o impactó.
  - ➤ Frase de ejemplo: My car is over twenty years old and has numerous engine problems. However, the technician fixed it and did a very impressive job.
  - ➤ Frase de ejemplo traducida al español: Mi auto tiene más de veinte años y diferentes problemas con el motor. Sin embargo, el técnico lo reparó e hizo un trabajo espectacular.
  - ➤ Cómo decir la frase de ejemplo con jergas, frases o modismos estadounidenses: My car is over twenty

years old and has numerous engine problems. However, the technician fixed it and it **blew me away**!

- **Legit** – significa algo legítimo o auténtico.
  - ➤ Frase de ejemplo: My rubber shoe was purchased directly from original American manufacturer therefore, it is authentic.
  - ➤ Frase de ejemplo traducida al español: Compré mi zapato de goma directamente de un fabricante estadounidense. Es auténtico.
  - ➤ Cómo decir la frase de ejemplo con jergas, frases o modismos estadounidenses: My rubber shoe was purchased directly from original American manufacturer therefore, it is **legit.**

- **Norm** – significa algo normal.
  - ➤ Frase de ejemplo: Food lovers eat an appetizer before taking their meal, it is normal.
  - ➤ Frase de ejemplo traducida al español: Los amantes de la comida comen aperitivos antes de su plato principal. Es lo normal.
  - ➤ Cómo decir la frase de ejemplo con jergas, frases o modismos estadounidenses: Food lovers eat an appetizer before taking their meal, it is a **norm**.

- **He is a ham** – significa que a la persona le gusta la atención.
  - ➤ Frase de ejemplo: The clown does fancy acts and he likes people attention.
  - ➤ Frase de ejemplo traducida al español: El payaso hace espectáculos de fantasía y le gusta la atención que le da la gente.

➢ Cómo decir la frase de ejemplo con jergas, frases o modismos estadounidenses: The clown does fancy acts, and **he is a ham.**

- **Float your boat** – significa algo que te haga feliz o te satisfaga.
    ➢ Frase de ejemplo: Whatever makes you happy, go for it!
    ➢ Frase de ejemplo traducida al español: ¡Haz lo que sea que te haga feliz!
    ➢ Cómo decir la frase de ejemplo con jergas, frases o modismos estadounidenses: **Whatever floats your boat**, go for it!

- **It is a no brainer** – significa que la situación necesita un enfoque o solución fácil.
    ➢ Frase de ejemplo: There are a lot of people going to this restaurant. No doubt that delicious food is served here.
    ➢ Frase de ejemplo traducida al español: Hay mucha gente que viene a este restaurante. Sin lugar a dudas, la comida que sirven es deliciosa.
    ➢ Cómo decir la frase de ejemplo con jergas, frases o modismos estadounidenses: There are a lot of people going to this restaurant. **It is a no brainer** that delicious food is served here.

- **Hang loose** – significa permanecer calmado.
    ➢ Frase de ejemplo: The suspect stayed calm when judge made his court decision.
    ➢ Frase de ejemplo traducida al español: El sospechoso permaneció calmado cuando el juez dictó su sentencia.

- Cómo decir la frase de ejemplo con jergas, frases o modismos estadounidenses: The suspect **hang loose** when judge made his court decision.

- **Are you still up?** – significa: "¿sigues despierto tan tarde?"
  - Frase de ejemplo: Are you still awake in this late hour Robert?
  - Frase de ejemplo traducida al español: ¿Sigues despierto tan tarde, Robert?
  - Cómo decir la frase de ejemplo con jergas, frases o modismos estadounidenses: Are you **still up** in this late hour Robert?

- **Hit the spot** – hace referencia a algo que te satisface.
  - Frase de ejemplo: This restaurant is the best in town. Are you satisfied after taking the dinner?
  - Frase de ejemplo traducida al español: Este restaurante es el mejor de la ciudad. ¿Estás satisfecho luego de comer la cena?
  - Cómo decir la frase de ejemplo con jergas, frases o modismos estadounidenses: This restaurant is the best in town. Did it **hit the spot** after taking the dinner?

- **Eating you up** – significa, ¿qué te está molestando?
  - Frase de ejemplo: What is bothering you?
  - Frase de ejemplo traducida al español: ¿Qué te molesta?
  - Cómo decir la frase de ejemplo con jergas, frases o modismos estadounidenses: What is **eating you up**?

- **Missed the boat** – significa que no entendió, no comprendió o se perdió en la idea.
  - ➤ Frase de ejemplo: There was an important instruction. He missed the point and caused failure.
  - ➤ Frase de ejemplo traducida al español: Tenía una instrucción muy importante, pero se dispersó y cometió un error.
  - ➤ Cómo decir la frase de ejemplo con jergas, frases o modismos estadounidenses: There was an important instruction. He **missed the boat** and caused him to fail.

- **Eyeballing it** – significa estimar aproximadamente mirando.
  - ➤ Frase de ejemplo: I do not know the size of my brother's shoe. When I purchased a gift for his birthday, I roughly estimate the size by looking.
  - ➤ Frase de ejemplo traducida al español: No sé cuál es el número de calzado de mi hermano. Cuando le hice un regalo por su cumpleaños, lo estimé mirando.
  - ➤ Cómo decir la frase de ejemplo con jergas, frases o modismos estadounidenses: I do not know the size of my brother's shoe. When I purchased a gift for his birthday, I selected the size by **eyeballing it**.

- **Drooling** – significa desear mucho algo.
  - ➤ Frase de ejemplo: I am eager to get a Corvette sports car. I want it so much.
  - ➤ Frase de ejemplo traducida al español: Estoy emocionado por comprarme un auto deportivo Corvette. Lo deseo tanto.

➢ Cómo decir la frase de ejemplo con jergas, frases o modismos estadounidenses: I am eager to get a Corvette sports car. I am **drooling** for it.

- **Cocky** – significa una persona que tiene demasiada confianza, es arrogante y asume que sabe todo.
  ➢ Frase de ejemplo: The new manager of our company delivered a speech. He is boastful and overconfident.
  ➢ Frase de ejemplo traducida al español: El nuevo gerente dio un discurso. Es presumido y demasiado confiado.
  ➢ Cómo decir la frase de ejemplo con jergas, frases o modismos estadounidenses: The new Manager of our company delivered a speech. He is **cocky**.

- **Stuck Up** – una variación para "presumido". Esto significa que crees que eres mejor que todos, pero en realidad no lo eres.
  ➢ Frase de ejemplo: Robert thinks that he is better than the everybody else, but he is not.
  ➢ Frase de ejemplo traducida al español: Robert piensa que es mejor que todo el mundo, pero no lo es.
  ➢ Cómo decir la frase de ejemplo con jergas, frases o modismos estadounidenses: Robert thinks that he is better than the everybody, but he is **stuck up**.

- **Chicken Out** – significa que te asustaste.
  ➢ Frase de ejemplo: Hey kid, you did not show your report card to your mom, did you got scared?

➢ Frase de ejemplo traducida al español: Oye, niño, no le mostraste tu boleta de calificaciones a tu mamá. ¿Te asustaste?

➢ Cómo decir la frase de ejemplo con jergas, frases o modismos estadounidenses: Hey kid you did not show your report card to your mom, did you **chicken out**?

- **Willy-Nilly** – significa hacer algo por obligación, sin elección.

  ➢ Frase de ejemplo: His boss was on emergency leave; John do not have a choice to handle or not the project.

  ➢ Frase de ejemplo traducida al español: Su jefe estaba en un permiso de emergencia. John no tuvo opción de si tomar o no el proyecto.

  ➢ Cómo decir la frase de ejemplo con jergas, frases o modismos estadounidenses: His boss was on emergency leave, John is **willy-nilly** to handle the project.

- **Knock Off** – significa un producto falso de imitación.

  ➢ Frase de ejemplo: In my vacation tour from another country, a salesperson offered me a signature Swiss watch, but the price is ridiculously cheap. It is suspicious and it looks like a fake imitation product.

  ➢ Frase de ejemplo traducida al español: Durante mi tour de vacaciones en otro país, un vendedor me ofreció un reloj suizo de autor, pero era ridículamente barato. Se veía sospechoso, y como un producto falso de imitación.

➢ Cómo decir la frase de ejemplo con jergas, frases o modismos estadounidenses: In my vacation tour from another country, a salesperson offered me a signature Swiss watch, but the price is ridiculously cheap. It is a **knock off.**

- **Pricy** – significa algo costoso.
  ➢ Frase de ejemplo: This luxury car is expensive.
  ➢ Frase de ejemplo traducida al español: Este auto de lujo es costoso.
  ➢ Cómo decir la frase de ejemplo con jergas, frases o modismos estadounidenses: This luxury car is **pricy.**

- **Throw up** – significa vomitar, expulsar algo del estómago y a través de la boca.
  ➢ Frase de ejemplo: The patient took his medicine, but he vomited.
  ➢ Frase de ejemplo traducida al español: El paciente tomó su medicamento, pero vomitó.
  ➢ Cómo decir la frase de ejemplo con jergas, frases o modismos estadounidenses: The patient took his medicine, but he **throws up**.

o **Reservations** – significa estar en desacuerdo.
  ➢ Frase de ejemplo: I disagree with your idea.
  ➢ Frase de ejemplo traducida al español: No estoy de acuerdo con tu idea.
  ➢ Cómo decir la frase de ejemplo con jergas, frases o modismos estadounidenses: I have **reservations** with your idea.

- **Bury the hatchet** – significa que dos o más personas que tuvieron un fuerte desacuerdo, discutieron o pelearon, ignoran lo que sucedió en el pasado.
  - ➢ Frase de ejemplo: I am sorry for what I did; can we ignore what happened from the past?
  - ➢ Frase de ejemplo traducida al español: Siento mucho lo que hice. ¿Podemos ignorar lo que sucedió?
  - ➢ Cómo decir la frase de ejemplo con jergas, frases o modismos estadounidenses: I am sorry for what I did; can we **bury the hatchet**?

- **Ring the Bell** – significa "¿te hace recordar?".
  - ➢ Frase de ejemplo: Does his name remind you of that he is our old classmate?
  - ➢ Frase de ejemplo: ¿Su nombre te recuerda que solía estudiar contigo?
  - ➢ Frase de ejemplo: Does his name **ring a bell** that he is our old classmate?

- **Bail** – significa cancelar tus planes.
  - ➢ Frase de ejemplo: Please advise your friend that we are going to cancel the plans in dining out together.
  - ➢ Frase de ejemplo traducida al español: Por favor, avísale a tu amigo que vamos a cancelar la cena juntos.
  - ➢ Cómo decir la frase de ejemplo con jergas, frases o modismos estadounidenses: Please advise your friend that we are going to **bail** dining out together.

- **Laid Back** – significa estar relajado y fácil de llevar.
  - ➤ Frase de ejemplo: After the holiday season most people are relaxed and easygoing.
  - ➤ Frase de ejemplo traducida al español: Tras las vacaciones, la mayoría de las personas están relajadas y son fáciles de llevar.
  - ➤ Cómo decir la frase de ejemplo con jergas, frases o modismos estadounidenses:
    After the holiday season most people are **laid back.**

- **When Pigs Fly** – significa algo que es imposible que suceda.
  - ➤ Frase de ejemplo: You are asking me for a salary increase? It is not going to happen!
  - ➤ Frase de ejemplo traducida al español: ¿Me estás pidiendo un aumento de salario? ¡No va a suceder!
  - ➤ Cómo decir la frase de ejemplo con jergas, frases o modismos estadounidenses:
    You are asking me for a salary increase? **When pigs fly**!

- **Ex** – significa una relación pasada.
  - ➤ Frase de ejemplo: James is Angela's previous boyfriend.
  - ➤ Frase de ejemplo traducida al español: James es el anterior novio de Angela.
  - ➤ Cómo decir la frase de ejemplo con jergas, frases o modismos estadounidenses:
    James is Angela's **ex**-boyfiend.

- **If you play your cards right** – significa "si todo va de acuerdo a lo planeado".
  - ➤ Frase de ejemplo: You may be able to find success in your career assuming everything goes according to plan.
  - ➤ Frase de ejemplo traducida al español: Puede que consigas el éxito profesional si todo sale como lo planeas.
  - ➤ Cómo decir la frase de ejemplo con jergas, frases o modismos estadounidenses: You may be able to find success in your career **if you play your cards right**.

- **Sly like a fox** – significa que la persona es deshonesta.
  - ➤ Frase de ejemplo: Do not trust him. He is a dishonest person.
  - ➤ Frase de ejemplo traducida al español: No confíes en él. Es una persona deshonesta.
  - ➤ Cómo decir la frase de ejemplo con jergas, frases o modismos estadounidenses: Do not trust him. He is a **sly like a fox.**

- **Pulling your leg** – significa mentir o decir algo que no es verdadero.
  - ➤ Frase de ejemplo: Hey John, your friend says he is a millionaire's son? Come on, he is saying something that is not true!
  - ➤ Frase de ejemplo traducida al español: ¡Oye, John! ¿Tu amigo dice que es el hijo de un millonario? ¡Por favor, está mintiendo!
  - ➤ Cómo decir la frase de ejemplo con jergas, frases o modismos estadounidenses: Hey John, your

friend says he is a millionaire's son? Come on, he is **pulling your leg**!

o **Gig** – usualmente se refiere a un evento musical.
  - ➢ Frase de ejemplo: Do you have a music engagement next week?
  - ➢ Frase de ejemplo traducida al español: ¿Tienes algún evento musical la semana que viene?
  - ➢ Cómo decir la frase de ejemplo con jergas, frases o modismos estadounidenses: Do you have a **gig** next week?

o **Rug rats** – significa niños.
  - ➢ Frase de ejemplo: I need to buy gifts for children.
  - ➢ Frase de ejemplo traducida al español: Necesito comprar los regalos para los niños.
  - ➢ Cómo decir la frase de ejemplo con jergas, frases o modismos estadounidenses: I need to buy gifts for **rug rats**.

o **Nerd** – una persona que prefiere estudiar y es percibida como demasiado intelectual.
  - ➢ Frase de ejemplo: Mike prefers studying and perceived to be overly intellectual.
  - ➢ Frase de ejemplo traducida al español: Mike prefiere estudiar, y se le percibe como demasiado intelectual.
  - ➢ How to say example statement in American slang, phrase, or idiom: Mike is a **nerd**.

o **Grumpy** – significa sentirse mal.
  - ➢ Frase de ejemplo: He feels bad because they lost the game.

➤ Frase de ejemplo traducida al español: Se siente mal porque perdieron el juego.

➤ Cómo decir la frase de ejemplo con jergas, frases o modismos estadounidenses: He **is grumpy** because they lost the game.

- **Goofy** – significa ser muy tonto, o ligeramente ridículo.
  ➤ Frase de ejemplo: The circus clown gave good entertainment. He is too silly, and mildly ridiculous.
  ➤ Frase de ejemplo traducida al español: El payaso del circo supo entretener. Es muy tonto y un poco ridículo.
  ➤ Cómo decir la frase de ejemplo con jergas, frases o modismos estadounidenses: The circus clown gave good entertainment, he is **goofy**.

- **Grungy** – significa algo sucio.
  ➤ Frase de ejemplo: Our basement is dirty and needs cleaning.
  ➤ Frase de ejemplo traducida al español: Nuestro sótano está sucio, y necesita una limpieza.
  ➤ Cómo decir la frase de ejemplo con jergas, frases o modismos estadounidenses: Our basement is **grungy** and needs cleaning.

- **Nifty** – significa que algo es bueno o ingenioso.
  ➤ Frase de ejemplo: It is a good and clever play.
  ➤ Frase de ejemplo traducida al español: Fue una jugada buena e ingeniosa.
  ➤ Cómo decir la frase de ejemplo con jergas, frases o modismos estadounidenses: It is a **nifty** play.

- **Blimp** – se refiere a una persona gorda.
  - ➢ Frase de ejemplo: He is a fat person.
  - ➢ Frase de ejemplo traducida al español: Él está gordo.
  - ➢ Cómo decir la frase de ejemplo con jergas, frases o modismos estadounidenses: He is a **blimp.**

- **Bad hair day** – significa un mal día.
  - ➢ Frase de ejemplo: Our boss is angry, looks like it is not a good day today.
  - ➢ Frase de ejemplo traducida al español: Nuestro jefe está enojado. Parece que no es un buen día.
  - ➢ Cómo decir la frase de ejemplo con jergas, frases o modismos estadounidenses: Our boss is angry, looks like he got a **bad hair day** today.

- **No biggie** – significa que "no hay problema".
  - ➢ Frase de ejemplo: My car broke down. It wouldn't start this morning. But no problem, I'm going to use my wife's car to go to work. Then I will have my car checked by a technician.
  - ➢ Frase de ejemplo traducida al español: Mi auto se averió. No quiso encender esta mañana. Pero no hay problema, voy a utilizar el auto de mi esposa para ir a trabajar. Luego hago que un técnico revise mi auto.
  - ➢ Cómo decir la frase de ejemplo con jergas, frases o modismos estadounidenses: My car broke down. It wouldn't start this morning. **No biggie**, I'm going to use my wife's car to go to work. Then I will have my car checked by a technician.

- **Out of the woods** – significa estar fuera de peligro.
  - ➢ Frase de ejemplo: You look great after the surgery and the doctor says you are out of danger now.
  - ➢ Frase de ejemplo traducida al español: Te ves genial tras la cirugía, y el doctor dice que estás fuera de peligro.
  - ➢ Cómo decir la frase de ejemplo con jergas, frases o modismos estadounidenses: You look great after the surgery and the doctor says you are **out of the woods** now.

- **Throw in the towel** – significa admitir que perdiste o fallaste.
  - ➢ Frase de ejemplo: In the last round, the boxer got a serious cut on his eyebrow, was knocked down and admitted defeat.
  - ➢ Frase de ejemplo traducida al español: En la última ronda, al boxeador le hicieron una cortada grave en su ceja, lo derribaron y admitió su derrota.
  - ➢ Cómo decir la frase de ejemplo con jergas, frases o modismos estadounidenses: In the last round, the boxer got a serious cut on his eyebrow, was knocked down and he **threw in the towel**.

- **Keeping up with the Joneses** – significa hacer algo para mostrar que tienes tanto dinero como otras personas o tu vecino.
  - ➢ Frase de ejemplo: Daniel have three jobs so he can have much money income as other people.
  - ➢ Frase de ejemplo traducida al español: Daniel tiene tres trabajos para ganar tanto dinero como otras personas.

➤ Cómo decir la frase de ejemplo con jergas, frases o modismos estadounidenses: Daniel has three jobs so he can **keep up with the Joneses.**

- **Break bread** – significa comer juntos.
  - ➤ Frase de ejemplo: Since you are a new friend to the family, we would like to invite you to eat with us.
  - ➤ Frase de ejemplo traducida al español: Siendo que eres un nuevo amigo para la familia, queremos invitarte a comer juntos.
  - ➤ Cómo decir la frase de ejemplo con jergas, frases o modismos estadounidenses: Since you are a new friend to the family, we would like to invite you to **break bread** with us.

- **Cold hearted** – significa falta de afecto.
  - ➤ Frase de ejemplo: After 25 years, he finally met his biological father and he lacked affection.
  - ➤ Frase de ejemplo: Tras 25 años, al fin conoció a su padre biológico y no fue afectuoso con él.
  - ➤ Cómo decir la frase de ejemplo con jergas, frases o modismos estadounidenses: After 25 years, he finally met his biological father, and he is **cold hearted.**

- **Take a rain check** – significa rechazar una oferta en el momento, suponiendo que luego la aceptarás.
  - ➤ Frase de ejemplo: Jason's brother offered to pay him for repairing his car. Jason declined and suggested he will accept a payment next time.
  - ➤ Frase de ejemplo traducida al español: El hermano de Jason se ofreció a pagarle por reparar el auto.

Jason rechazó y sugirió que aceptaría el pago la próxima vez.

➤ Cómo decir la frase de ejemplo con jergas, frases o modismos estadounidenses: Jason's brother offered to pay him for repairing his car. Jason declined and suggested **taking a rain check**.

- **Birthday suit** – significa estar desnudo (como los bebés al nacer).
    - Frase de ejemplo: Some people in the beach are sunbathing naked.
    - Frase de ejemplo traducida al español: Algunas personas en la playa se broncean desnudas.
    - Cómo decir la frase de ejemplo con jergas, frases o modismos estadounidenses: Some people in the beach are sunbathing in their **birthday suit**.

- **To keep the wolf from the door** – significar evitar una bancarrota financiera.
    - ➤ Frase de ejemplo: The economy is awfully bad, and it is wise not to buy unnecessary spending to prevent financial ruin.
    - ➤ Frase de ejemplo traducida al español: La economía está de lo peor, y lo más sabio es no comprar cosas innecesarias para evitar una bancarrota financiera.
    - ➤ Cómo decir la frase de ejemplo con jergas, frases o modismos estadounidenses: Frase de ejemplo The economy is awfully bad, and it is wise not to buy unnecessary spending **to keep the wolf from the door**.

- **Paint the town red** – significa salir y pasarla bien.
  - ➢ Frase de ejemplo: My friend is coming next week. We will go out and have a good time.
  - ➢ Frase de ejemplo traducida al español: Mi amigo viene la semana entrante. Vamos a salir y pasarla bien.
  - ➢ Cómo decir la frase de ejemplo con jergas, frases o modismos estadounidenses: My friend is coming next week. **We will paint the town red.**

- **With flying colors** – significa obtener un honor o distinción muy alto.
  - ➢ Frase de ejemplo: I passed my college entrance examination with distinction.
  - ➢ Frase de ejemplo traducida al español: Aprobé mi examen introductorio de la universidad con una distinción.
  - ➢ Cómo decir la frase de ejemplo con jergas, frases o modismos estadounidenses: I passed my college entrance examination **with flying colors**.

- **Pull an all nighter** – significa una sesión de estudio que dura toda la noche.
  - ➢ Frase de ejemplo: We must complete and submit our report tomorrow morning. Therefore, we will work on it throughout the night.
  - ➢ Frase de ejemplo traducida al español: Tenemos que enviar nuestro informe en la mañana, así que esta sesión va a durar toda la noche.
  - ➢ Cómo decir la frase de ejemplo con jergas, frases o modismos estadounidenses: We must complete and submit our report tomorrow morning. Therefore, we will **pull an all nighter**.

- **Bite the bullet** – significa hacer algo difícil o poco placentero.
  - ➢ Frase de ejemplo: I do not want to undergo a biopsy test because it's something unpleasant.
  - ➢ Frase de ejemplo traducida al español: No quiero someterme a una biopsia porque es muy poco placentero.
  - ➢ Cómo decir la frase de ejemplo con jergas, frases o modismos estadounidenses: I do not want to undergo a biopsy test because it **bites the bullet.**

- **Straight as an arrow** – significa ser honesto.
  - ➢ Frase de ejemplo: You can hire her as cashier because she is honest.
  - ➢ Frase de ejemplo traducida al español: Puedes contratarla como cajera porque es honesta.
  - ➢ Cómo decir la frase de ejemplo con jergas, frases o modismos estadounidenses: You can hire her as cashier because she is **straight as an arrow**.

- **Game changer** – significa un elemento revolucionario o un factor recién presentado que cambia la situación existente.
  - ➢ Frase de ejemplo: The invention of vehicle air bag is a revolutionary factor that changes the existing situation for human safety.
  - ➢ Frase de ejemplo traducida al español: La invención del airbag para vehículos fue un elemento revolucionario que cambio la seguridad para los seres humanos.
  - ➢ Cómo decir la frase de ejemplo con jergas, frases o modismos estadounidenses: The invention of

vehicle air bag is a **game changer** that changes the existing situation for human safety.

- **Slap on the wrist** – significa un castigo.
  - ➢ Frase de ejemplo: The serial killer was finally arrested by the police and sure enough, he will receive punishment when incarcerated.
  - ➢ Frase de ejemplo traducida al español: La policía finalmente arrestó al asesino serial y, sin lugar a dudas, va a recibir su castigo cuando se le encarcele.
  - ➢ Cómo decir la frase de ejemplo con jergas, frases o modismos estadounidenses:
    The serial killer was finally arrested by the police and sure enough, he will receive a **slap on the wrist** when incarcerated.

- **Blow your mind** – significa impresionar extremadamente a alguien.
  - ➢ Frase de ejemplo: The mechanic modified the old sports car and surely will impress you.
  - ➢ Frase de ejemplo traducida al español: El mecánico modificó el viejo automóvil deportivo y seguramente te va a impresionar.
  - ➢ Cómo decir la frase de ejemplo con jergas, frases o modismos estadounidenses: The mechanic modified the old sports car and it will **blow your mind**.

- **Float one's boat** – significa hacer a alguien feliz.
  - ➢ Frase de ejemplo: Vince bought a nice diamond ring to make Rean happy.

> Frase de ejemplo traducida al español: Vince compró un lindo anillo de diamantes para hacer feliz a Rean.

> Cómo decir la frase de ejemplo con jergas, frases o modismos estadounidenses: Vince bought a nice diamond ring for Rean to **float her boat**.

- **Airtight** – significa no tener debilidades.
  > Frase de ejemplo: The new equipment designed by our Engineer shows no weakness during test process.

  > Frase de ejemplo traducida al español: El nuevo equipo designado por nuestro ingeniero no demostró debilidades durante su proceso de prueba.

  > Cómo decir la frase de ejemplo con jergas, frases o modismos estadounidenses: The new equipment designed by our Engineer shows was **airtight** during test process.

- **Mojo** – significa tener buena suerte o encanto que parece provenir de algo mágico.
  > Frase de ejemplo: The rookie basketball player has good luck to influence a winning the game last night.

  > Frase de ejemplo traducida al español: El jugador de baloncesto novato tiene la suerte de influir en la victoria del partido de anoche.

  > Cómo decir la frase de ejemplo con jergas, frases o modismos estadounidenses: The rookie basketball player has **mojo** to influence a winning the game last night.

- **Happy Camper** – significa una persona satisfecha o contenta.
    - ➤ Frase de ejemplo: Rita won a lottery, and she is now satisfied with her financial ability to pay her debts.
    - ➤ Frase de ejemplo traducida al español: Rita ganó la lotería, y está satisfecha con su capacidad financiera para pagar sus deudas.
    - ➤ Cómo decir la frase de ejemplo con jergas, frases o modismos estadounidenses: Rita won a lottery, and she is now a **happy camper** with her financial ability to pay her debts.

- **Whats up?** - significa "¿cómo estás?".
    - ➤ Frase de ejemplo: Hey, how are you doing?
    - ➤ Frase de ejemplo traducida al español: Oye, ¿cómo estás?
    - ➤ Cómo decir la frase de ejemplo con jergas, frases o modismos estadounidenses: Hey, **what's up**?

- **Abrasive** – se refiere a una persona con una personalidad dura o fuerte.
    - ➤ Frase de ejemplo: The older brother has a rough personality and difficult to get along with.
    - ➤ Frase de ejemplo traducida al español: El hermano mayor tiene una dura personalidad y es difícil llevársela bien con él.
    - ➤ Cómo decir la frase de ejemplo con jergas, frases o modismos estadounidenses: The older brother is **abrasive** and difficult to get along with.

- **Emulate** – significa imitar algo.
  - ➢ Frase de ejemplo: My dad has a successful life and I like to imitate him.
  - ➢ Frase de ejemplo traducida al español: Mi padre tuvo una vida exitosa y me gustaría imitarlo.
  - ➢ Cómo decir la frase de ejemplo con jergas, frases o modismos estadounidenses: My dad has a successful life and I like to **emulate** him**.**

- **Wanna be** – significa alguien que le gustaría ser como otro.
  - ➢ Frase de ejemplo: I saw your child who performed special number. He like to be Michael Jackson someday singing and dancing in front of big audience.
  - ➢ Frase de ejemplo traducida al español: Vi a que tu hijo tocó un número especial. Le gustaría ser como Michael Jackson algún día, cantando y bailando para un gran público.
  - ➢ Cómo decir la frase de ejemplo con jergas, frases o modismos estadounidenses: I saw your child who performed special number. He is a Michael Jackson **wanna be** someday singing and dancing in front of big audience.

- **Bozo** – se refiere a una persona grosera o tonta.
  - ➢ Frase de ejemplo: The car driver is rude, did not yield to stop light and almost killed a pedestrian.
  - ➢ Frase de ejemplo traducida al español: El conductor del auto es grosero, no se detuvo en el semáforo y casi mata a un peatón.
  - ➢ Cómo decir la frase de ejemplo con jergas, frases o modismos estadounidenses: The car driver is a

bozo, did not yield to stop light and almost killed a pedestrian.

- **Eerie** – se refiere a algo que da temor o es aterrador.
  - ➤ Frase de ejemplo: Its Halloween time. Most of the movies in downtown show horror films, they are scary and frightening.
  - ➤ Frase de ejemplo traducida al español: La mayoría de las películas del centro de la ciudad son de terror, asustan y son aterradoras.
  - ➤ Cómo decir la frase de ejemplo con jergas, frases o modismos estadounidenses:
    Most of the movies in downtown show horror films, they are **eerie.**

- **Brunch** – hace referencia a combinar el desayuno con el almuerzo.
  - ➤ Frase de ejemplo: I woke up late and did not realize, it is 10:30 am already. I might as well take combined breakfast and lunch.
  - ➤ Frase de ejemplo traducida al español: ¡Me desperté tarde y no me di cuenta de que ya son las 10:30 a.m.! Bien podría comer el desayuno y el almuerzo juntos.
  - ➤ Cómo decir la frase de ejemplo con jergas, frases o modismos estadounidenses: I woke up late and did not realize, it is 10:30 am already! I might as well take a **brunch.**

- **Vegan** – una persona identificada como vegetariana.
  - ➤ Frase de ejemplo: Brian is a healthy person and the reason behind is being a vegetarian.

➤ Frase de ejemplo traducida al español: Brian es una persona sana y el motivo es que es vegetariano.

➤ Cómo decir la frase de ejemplo con jergas, frases o modismos estadounidenses: Brian is a healthy person and the reason behind is being a **vegan.**

- **Whatever floats her boat** – lo que sea que le haga feliz.

  ➤ Frase de ejemplo: My girlfriend likes traveling and I agree whatever makes her happy.

  ➤ Frase de ejemplo traducida al español: A mi novia le gusta viajar, y yo estoy de acuerdo con lo que sea que la haga feliz.

  ➤ Cómo decir la frase de ejemplo con jergas, frases o modismos estadounidenses: My girlfriend likes traveling and I agree **whatever floats her boat**.

- **Twist someone's arm** – significa persuadir a alguien para hacer algo que no suele hacer.

  ➤ Frase de ejemplo: He persuaded his friend to purchase expensive watch considering the store sale event.

  ➤ Frase de ejemplo traducida al español: Persuadió a su amigo para comprar un reloj costoso, considerando las ofertas de la tienda.

  ➤ Cómo decir la frase de ejemplo con jergas, frases o modismos estadounidenses:
  He **twisted his friend's arm** to purchase expensive watch considering the store sale event

- **Dis** – significa faltar el respeto.

  ➤ Frase de ejemplo: After the conversation, his colleague made bad remarks and disrespect him.

➤ Frase de ejemplo traducida al español: Tras la conversación, su compañero hizo malos comentarios y le faltó el respeto.

➤ Cómo decir la frase de ejemplo con jergas, frases o modismos estadounidenses:
After the conversation, his colleague made bad remarks and **dissed** him.

- **Getting hitched** – significa casarse.
  ➤ Frase de ejemplo: Carl is getting married this June with his fiancée Michelle.
  ➤ Frase de ejemplo traducida al español: Carl se va a casar este junio con Michelle, su prometida.
  ➤ Cómo decir la frase de ejemplo con jergas, frases o modismos estadounidenses:
  Carl is getting **hitched** this June with his fiancée Michelle.

- **Hang Out** – significa pasar tiempo con otras personas.
  ➤ Frase de ejemplo: I am scheduled to spend time with my friends this Sunday.
  ➤ Frase de ejemplo traducida al español: Tengo pensado pasar tiempo con mis amigos este domingo.
  ➤ Cómo decir la frase de ejemplo con jergas, frases o modismos estadounidenses: I am scheduled to **hang out** with my friends this Sunday.

- **Couch potato** – hace referencia a una persona perezosa.
  ➤ Frase de ejemplo: Daniel reminded his son not to be a lazy person.

➤ Frase de ejemplo traducida al español: Daniel le recordó a su hijo no ser una persona perezosa.

➤ Cómo decir la frase de ejemplo con jergas, frases o modismos estadounidenses:
Daniel reminded his son not to be a **couch potato.**

Frases de ejemplo utilizadas en
CONVERSACIONES GENERALES

• **Appreciate it** – una típica expresión o frase estadounidense equivalente a decir "gracias".

➤ Frase de ejemplo: Thank you Robert!

➤ Frase de ejemplo traducida al español: ¡Gracias, Robert!

➤ Cómo decir la frase de ejemplo con jergas, frases o modismos estadounidenses: **Appreciate it** Robert!

• **You bet!** – una típica expresión o frase estadounidense, equivalente a decir "de nada".

➤ Frase de ejemplo: After Roberto said, "Appreciate it Jose!", the latter acknowledged and responded, "You're welcome!" in response.

➤ Frase de ejemplo traducida al español: Luego de que Roberto dijese "¡Gracias, Jose!" este último lo reconoció y respondió "¡De nada!".

➤ Cómo decir la frase de ejemplo con jergas, frases o modismos estadounidenses: After Roberto said, "Appreciate it Jose", the latter acknowledged and responded, "**You bet!**".

- **Alrighty** – significa "muy bien".
  - Frase de ejemplo:
    1. Roberto – Our job is completed.
    2. Juan – That is good, alright!
  - Frase de ejemplo traducida al español:
    1. Roberto – Nuestro trabajo está hecho.
    2. Juan – ¡Genial, muy bien!
  - Cómo decir la frase de ejemplo con jergas, frases o modismos estadounidenses
    1. Roberto – Our job is completed.
    2. Juan – **Alrighty**!

  - **Uh-huh**! – significa Sí.
  - **Uh-Uh**! – significa No.

- **Folks** – se refiere a los padres.
  - Frase de ejemplo: Are your parents coming to visit you?
  - Frase de ejemplo traducida al español: ¿Van a venir tus padres a visitarte?
  - Cómo decir la frase de ejemplo con jergas, frases o modismos estadounidenses: Are your **folks** coming over to visit you?

- **Pretty much** – significa la confirmación de una respuesta positiva
  - Frase de ejemplo
    1. Robert: Our assignment was long, have you completed it John?
    2. John – Yes, completely.
  - Frase de ejemplo traducida al español
    1. Robert: Teníamos una tarea extensa, ¿ya la hiciste, John?

2. John – Sí, por completo.
➤ Cómo decir la frase de ejemplo con jergas, frases o modismos estadounidenses
   1. Robert: Our assignment was long, have you completed it John?
   2. John – Yes, **pretty much**!

- **On a hunch** – significa tener un sentimiento de que algo va a pasar
  ➤ Frase de ejemplo: I have a feeling that he will not come to attend our meeting.
  ➤ Frase de ejemplo traducida al español: Tengo la sensación de que no vendrá a nuestra reunión.
  ➤ Cómo decir la frase de ejemplo con jergas, frases o modismos estadounidenses: **On a hunch**, he will not come to attend our meeting.

- **Shoo-in** – significa que una persona está segura de ganar.
  ➤ Frase de ejemplo: With your qualifications, it is certain you'll get the job.
  ➤ Frase de ejemplo traducida al español: Con tus habilidades, es seguro que conseguirás el trabajo.
  ➤ Cómo decir la frase de ejemplo con jergas, frases o modismos estadounidenses: With your qualifications, you will **shoo-in** the job.

- **24/7** – se refiere a los siete días de la semana, y por lo general significa todos los días.
  ➤ Frase de ejemplo: Joe was advised by pet shop owner to feed his fish in the aquarium tank every day.

➢ Frase de ejemplo traducida al español: El dueño de la veterinaria notificó a Joe que tenía que darle de comer a sus peces en su tanque del acuario cada día.

➢ Cómo decir la frase de ejemplo con jergas, frases o modismos estadounidenses: Joe was advised by pet shop owner to feed his fish in the aquarium tank **24/7**.

- **Break the ice** – significa dar el primer paso.
  - ➢ Frase de ejemplo: The problem is difficult and suggest you initiate a start to correct it.
  - ➢ Frase de ejemplo traducida al español: Es un problema difícil, y se recomienda que comiences a corregirlo.
  - ➢ Cómo decir la frase de ejemplo con jergas, frases o modismos estadounidenses: The problem is difficult and suggest you **break the ice** to correct it.

- **In the wind** – significa algo que es probable que suceda.
  - ➢ Frase de ejemplo: Clouds are very dark and heavy rain mostly likely to happen.
  - ➢ Frase de ejemplo traducida al español: Las nubes están muy oscuras, y puede que comience a llover fuertemente.
  - ➢ Cómo decir la frase de ejemplo con jergas, frases o modismos estadounidenses: Clouds are very dark and heavy rain is **in the wind.**

- **Sweep them under the rug** – significa esconder algo esperando que no sea descubierto por otros.
  - ➢ Frase de ejemplo: Magicians hide tricks and hope it will not be discovered by others.
  - ➢ Frase de ejemplo traducida al español: Los magos ocultan sus trucos esperando que no sean descubiertos por otros.
  - ➢ Cómo decir la frase de ejemplo con jergas, frases o modismos estadounidenses: Magicians hide tricks and **sweep them under the rug.**

- **Whiz** – significa una persona muy inteligente.
  - ➢ Frase de ejemplo: Majority of young millionaires are intelligent persons.
  - ➢ Frase de ejemplo traducida al español: La mayoría de los jóvenes millonarios son personas inteligentes.
  - ➢ Cómo decir la frase de ejemplo con jergas, frases o modismos estadounidenses:
    Majority of young millionaires are **whiz.**

- **Straw that broke camel's back** – se refiere a los límites de una persona, su máxima resistencia o punto de inflexión.
  - ➢ Frase de ejemplo: She was on diet for several days and doctor advised her to take regular food in the meantime. Her body could no longer endure less food intake.
  - ➢ Frase de ejemplo traducida al español: Estuvo a dieta por varios días, y el médico le recomendó comer regularmente mientras tanto. Su cuerpo no pudo resistir una ingesta menor de comida.

➢ Cómo decir la frase de ejemplo con jergas, frases o modismos estadounidenses: She was on diet for several days and doctor advised her to take regular food in the meantime. Her body is her **straw that broke camel's back.**

- **Tip of the iceberg** – se refiere a una parte del problema que puede ser apreciada.
  - ➢ Frase de ejemplo: The production of new model exhibits test failures. The component came from a new supplier and that's part of the problem that can be seen.
  - ➢ Frase de ejemplo traducida al español: La producción de un nuevo modelo demuestra las fallas de la prueba. El componente provino de un nuevo proveedor, y ese es el problema que podemos observar.
  - ➢ Cómo decir la frase de ejemplo con jergas, frases o modismos estadounidenses: The production of new model exhibits test failures. The component came from a new supplier and that is the **tip of the iceberg.**

- **Straight from the Horse Mouth** – significa algo que provino directamente de la persona que dijo el enunciado.
  - ➢ Frase de ejemplo: The company owner said we will have long vacation days this holiday season.
  - ➢ Frase de ejemplo traducida al español: El dueño de la empresa informó que tendremos días más largos de vacaciones durante esta temporada festiva.

➢ Cómo decir la frase de ejemplo con jergas, frases o modismos estadounidenses: **Straight from the horse mouth**, we will have long vacation days this holiday season.

- **Jump off the page** – se refiere a algo que es sobresaliente o interesante.
  ➢ Frase de ejemplo: The farmer discovered a new method for making the crop grow faster and bigger. He brought samples to the market to make it very notice.
  ➢ Frase de ejemplo traducida al español: El granjero descubrió un nuevo método para hacer que el cultivo creciese más rápido y más grande. Trajo muestras al mercado para que se pudiese notar.
  ➢ Cómo decir la frase de ejemplo con jergas, frases o modismos estadounidenses: The farmer discovered a new method for making the crop grow faster and bigger. He brought samples to the market to **jump off the page.**

- **From ground up** – significa desde el principio.
  ➢ Frase de ejemplo: You need to train our new company Nurse from the beginning.
  ➢ Frase de ejemplo traducida al español: Necesitas entrenar a la nueva enfermera de la compañía desde el principio.
  ➢ Cómo decir la frase de ejemplo con jergas, frases o modismos estadounidenses: You need to train our new company Nurse **from ground up.**

- **Stir the pot** – significa echar leña al fuego en una situación.
  - ➤ Frase de ejemplo: Roger was drunk and agitate the party event.
  - ➤ Frase de ejemplo traducida al español: Roger estaba borracho y echó leña al fuego durante el evento de la fiesta.
  - ➤ Cómo decir la frase de ejemplo con jergas, frases o modismos estadounidenses: Roger was drunk and **stirred the pot** during the party event.

- **GOAT** – significa El Mejor de Todos Los Tiempos

- Frase de ejemplo: Muhammad Ali is the greatest of All Time for heavy weight class in boxing.
  - ➤ Frase de ejemplo traducida al español: Muhammad Ali es el mejor de todos los tiempos en la categoría de peso pesado en boxeo.
  - ➤ Cómo decir la frase de ejemplo con jergas, frases o modismos estadounidenses:
    Muhammad Ali is the **GOAT** for heavy weight class in boxing.

- **My two cents** – significa mi opinión.
  - ➤ Frase de ejemplo: This is my opinion to solve the problem.
  - ➤ Frase de ejemplo traducida al español: Esta es mi opinión para resolver el problema.
  - ➤ Cómo decir la frase de ejemplo con jergas, frases o modismos estadounidenses: This is **my two cents** to solve the problem.

- **Ballpark** – significa aproximadamente o un estimado aproximado.
  - ➢ Frase de ejemplo: The retail price of a sports car is approximately $35,000.
  - ➢ Frase de ejemplo traducida al español: El precio minorista de un auto deportivo es de aproximadamente $35.000.
  - ➢ Cómo decir la frase de ejemplo con jergas estadounidenses, frase, o modismos estadounidenses: The retail price of a sports car is $35,000, **ballpark.**

- **Somewhere in the neighborhood** – el mismo significado que ballpark (o "estadio").
  - ➢ Frase de ejemplo: The retail price of a sports car is approximately $35,000.
  - ➢ Frase de ejemplo traducida al español: El precio minorista de un auto deportivo es de aproximadamente $35.000.
  - ➢ Cómo decir la frase de ejemplo con jergas, frases o modismos estadounidenses: The retail price of a sports car is **somewhere in the neighborhood** of $35,000.

- **Dividing Line** – significa la separación o distinción de dos cosas.
  - ➢ Frase de ejemplo: Please review the product inspection requirement. This will allow you to determine if it is acceptable or not.
  - ➢ Frase de ejemplo traducida al español: Por favor, revise los requerimientos de inspección de los productos. Esto le permitirá determinar si es o no aceptable.

➤ Cómo decir la frase de ejemplo con jergas, frases o modismos estadounidenses: Please review the product inspection requirement. This will allow you to determine **dividing line** if it is acceptable or not.

- **Sugar coated** – significa encubrir una situación.
  ➤ Frase de ejemplo: The best player in our basketball team made only few points. He covered up his poor performance by saying the opposing crowd intimidated by while he is playing.
  ➤ Frase de ejemplo traducida al español: El mejor jugador de nuestro equipo de baloncesto dijo algunas cosas. Encubrió su rendimiento pobre al decir que la audiencia de los contrincantes lo intimidan mientras juega.
  ➤ Cómo decir la frase de ejemplo con jergas, frases o modismos estadounidenses: The best player in our basketball team made only few points. He **sugar coated** his poor performance by saying the opposing crowd intimidated by while he is playing.

- **All set** – significa estar listo para irse.
  ➤ Frase de ejemplo: Are you ready to go?
  ➤ Frase de ejemplo traducida al español: ¿Listo para irte?
  ➤ Cómo decir la frase de ejemplo con jergas, frases o modismos estadounidenses: **Are you all set**?

- **A little bird told me** – se refiere a alguien que no quiere revelar la fuente de su información.
  - ➤ Frase de ejemplo: The company will have a downsizing, but the Managers do not want to say where they got the information.
  - ➤ Frase de ejemplo traducida al español: Va a haber una reducción del personal de la empresa, pero el gerente no quiere decir de dónde sacó la información.
  - ➤ Cómo decir la frase de ejemplo con jergas, frases o modismos estadounidenses: **A little bird told** the Managers that the company will have a downsizing.

- **Meet someone halfway** – significa comprometerse.
  - ➤ Frase de ejemplo: I spoke with the buyer and we compromised on the price.
  - ➤ Frase de ejemplo traducida al español: Hablé con el comprador y se comprometió a mantener el precio.
  - ➤ Cómo decir la frase de ejemplo con jergas, frases o modismos estadounidenses: I spoke with the buyer and **met him halfway**.

- **Dovetail** – significa juntar dos cosas.
  - ➤ Frase de ejemplo: We can make mom's birthday celebration great by setting up a party and giving her a nice gift put together.
  - ➤ Frase de ejemplo traducida al español: Podemos hacer que el cumpleaños de mamá sea increíble al organizar una fiesta y darle un regalo genial.
  - ➤ Cómo decir la frase de ejemplo con jergas, frases o modismos estadounidenses: We can make mom's

birthday celebration great by setting up a party **dovetailed** with nice gift.

- **Piece of cake** – significa algo fácil.
  - ➢ Frase de ejemplo: Math subject is easy to me.
  - ➢ Frase de ejemplo traducida al español: La asignatura de matemáticas se me hace fácil.
  - ➢ Cómo decir la frase de ejemplo con jergas, frases o modismos estadounidenses: Math subject is a **piece of cake** to me.

- **The whole nine yards** – significa "todo lo que se necesita".
  - ➢ Frase de ejemplo: If you want to improve your health, consider everything particularly on recovery regimen associated to it.
  - ➢ Frase de ejemplo traducida al español: Si quieres mejorar tu salud, considera todos los factores del régimen de recuperación asociados con ella.
  - ➢ Cómo decir la frase de ejemplo con jergas, frases o modismos estadounidenses: If you want to improve your health, consider the **whole nine yards** of recovery regimen associated to it.

- **Hoopster** – se refiere a una persona que juega baloncesto.
  - ➢ Frase de ejemplo: Robert does not play football, he plays basketball.
  - ➢ Frase de ejemplo traducida al español: Robert no juega fútbol, juega baloncesto.
  - ➢ Cómo decir la frase de ejemplo con jergas, frases o modismos estadounidenses: Robert does not play football, he is a **hoopster**.

- **Can of Worms/ Open a can of Worms** – significa meterse en algo que creará demasiados problemas.
  - ➢ Frase de ejemplo: I don't ask my fiancée about her past. Surely, it will create a problem.
  - ➢ Frase de ejemplo traducida al español: No le pregunto a mi prometida sobre su pasado. Seguramente, creará un problema.
  - ➢ Cómo decir la frase de ejemplo con jergas, frases o modismos estadounidenses: I don't ask my fiancée about her past. Surely, it will **open a can of worms.**

- **Right off the bat** – significa afirmar rápidamente.
  - ➢ Frase de ejemplo: Your car has excellent features. Although its price is high, I would agree with your decision quickly.
  - ➢ Frase de ejemplo traducida al español: Tu auto tiene unas características impresionantes. A pesar de que su precio es alto, estoy inmediatamente de acuerdo con tu decisión.
  - ➢ Cómo decir la frase de ejemplo con jergas, frases o modismos estadounidenses: Your car has excellent features. Although its price is high, I would agree with your decision **right off the bat**.

- **Play it by ear** – significa algo que se hace sin preparación.
  - ➢ Frase de ejemplo: The student is not sure whether his plan will work or not. He decided to deal with the situation as it develops.
  - ➢ Frase de ejemplo traducida al español: El estudiante no está seguro de si su plan funcionará

o no. Ha decidido enfrentarse a la situación a medida que se desarrolla.

➤ Cómo decir la frase de ejemplo con jergas, frases o modismos estadounidenses: The student is not sure whether his plan will work or not. He decided to **play it by ear**.

- **Hit it big** – significa lograr un gran éxito.
  ➤ Frase de ejemplo: My daughter Lyn studied hard in college and achieved great success.
  ➤ Frase de ejemplo traducida al español: Mi hija Lyn estudió arduamente en el colegio y logró un gran éxito.
  ➤ Cómo decir la frase de ejemplo con jergas, frases o modismos estadounidenses: My daughter Lyn studied hard in college and **hit it big**.

- **Have your ducks in a row** – significa prepararse para algo que está por suceder.
  ➤ Frase de ejemplo: There will be a strong hurricane coming next week, please get prepared.
  ➤ Frase de ejemplo traducida al español: Va a haber un fuerte huracán la semana entrante, por favor, prepárate.
  ➤ Cómo decir la frase de ejemplo con jergas, frases o modismos estadounidenses: There will be a strong hurricane coming next week, **have your ducks in a row**.

- **You cannot see the forest for the trees** – significa algo de lo que no puedes ver todo el panorama (como un bosque) porque estás demasiado ocupado enfocándote en los pequeños detalles (árboles).

- ➢ Frase de ejemplo: You cannot see the big impact of the problem because you are too busy focusing on the small details.
- ➢ Frase de ejemplo traducida al español: No puedes ver el gran impacto de este problema porque estás muy ocupado enfocándote en los pequeños detalles.
- ➢ Cómo decir la frase de ejemplo con jergas, frases o modismos estadounidenses: You cannot see the big impact of the problem because **you cannot see the forest for the trees.**

- **Touch base** – significa mantenerse en contacto.
  - ➢ Frase de ejemplo: I will keep in contact with you for business update.
  - ➢ Frase de ejemplo traducida al español: Me mantendré en contacto contigo para darte una actualización de negocios.
  - ➢ Cómo decir la frase de ejemplo con jergas, frases o modismos estadounidenses: I will **touch base** with you for business update.

- **It is a slam dunk** – significa que algo es seguro.
  - ➢ Frase de ejemplo: Do not worry about your burdens in life, God will take care of you. It is a sure thing.
  - ➢ Frase de ejemplo traducida al español: No te preocupes por tus problemas en la vida, pues Dios se encargará de ti. Esto es seguro.
  - ➢ Cómo decir la frase de ejemplo con jergas, frases o modismos estadounidenses: Do not worry about

your burdens in life, God will take care of you. **It is a slam dunk**!

- **Up in the air** – significa algo que es incierto.
  - ➤ Frase de ejemplo: After Thanksgiving holiday, business plans are still uncertain.
  - ➤ Frase de ejemplo traducida al español: Tras la celebración de acción de gracias, los planes de negocios siguen inciertos.
  - ➤ Cómo decir la frase de ejemplo con jergas, frases o modismos estadounidenses: After thanksgiving holiday, business plans are **up in the air.**

- **Pull over** – significa detener un vehículo en un borde o al lado de la carretera.
  - ➤ Frase de ejemplo: I had a traffic violation, police stopped me, and I immediately stop my vehicle to the curb of the road.
  - ➤ Frase de ejemplo traducida al español: Cometí una infracción de tránsito, e inmediatamente estacioné mi vehículo en un borde de la carretera.
  - ➤ Cómo decir la frase de ejemplo con jergas, frases o modismos estadounidenses: I had a traffic violation, police stopped me, and I immediately **pulled over.**

- **Pull the rug from under the feet** – significa quitar súbitamente el apoyo o soporte.
  - ➤ Frase de ejemplo: My father stopped his support to my cousin since he now has a good paying job.
  - ➤ Frase de ejemplo traducida al español: Mi padre dejó de apoyar a mi primo porque sabe que tiene un trabajo que le paga bien.

➢ Cómo decir la frase de ejemplo con jergas, frases o modismos estadounidenses: My father **pulls the rug from under the feet** to my cousin since he now has a good paying job.

- **That's water under bridge** – se refiere a algo que ya se superó y no vale la pena mencionar.
    - ➢ Frase de ejemplo: My brother and I fought in childhood days. Now, it is over and not worth to talk about anymore.
    - ➢ Frase de ejemplo traducida al español: Mi hermano y yo solíamos pelear de chicos, pero ya lo superamos y no tiene sentido hablar más de eso.
    - ➢ Cómo decir la frase de ejemplo con jergas, frases o modismos estadounidenses: My brother and I fought in our childhood days. Now, that is **water under the bridge.**

- **Behind the eight ball** – significa una condición no favorable o posición incómoda.
    - ➢ Frase de ejemplo: You have excessive and questionable travel expense. This is not a favorable condition.
    - ➢ Frase de ejemplo traducida al español: Tienes gastos de viaje excesivos y cuestionables. Esta no es una condición favorable.
    - ➢ Cómo decir la frase de ejemplo con jergas, frases o modismos estadounidenses: You have excessive and questionable travel expense. This is **behind the eight ball**.

- **That is Nickel and Dime** – significa irrelevante o poco importante.
  - ➢ Frase de ejemplo: Andrew never take his mom to fancy restaurant. He always thought it is irrelevant.
  - ➢ Frase de ejemplo traducida al español: Andrew nunca lleva a su mamá a restaurantes de lujo. Siempre pensó que es algo irrelevante.
  - ➢ Cómo decir la frase de ejemplo con jergas, frases o modismos estadounidenses: Andrew never take his mom to fancy restaurant. He always thought **that it is nickel and dime.**

- **In the back of his mind** – significa que está en una parte de su cabeza como un pensamiento o memoria. Sin embargo, no se recuerda perfectamente.
  - ➢ Frase de ejemplo: In the party, Brian was introduced to a lady. The lady's face seems remarkably familiar and thought it was his school classmate.
  - ➢ Frase de ejemplo traducida al español: En la fiesta, le presentaron esta chica a Brian. Su cara se le hacía muy familiar, y pensó que era su compañera del colegio.
  - ➢ Cómo decir la frase de ejemplo con jergas, frases o modismos estadounidenses: In the party, Brian was introduced to a lady. The lady's face seems remarkably familiar and in the **back of his mind,** it was his school classmate.

- **When rubber hit the road** – significa que se probará la idea o teoría.
  - ➢ Frase de ejemplo: The brilliant scientist developed his formulation theory in the lab for pandemic treatment. He wanted to put in into test through clinical trials.
  - ➢ Frase de ejemplo traducida al español: El brillante científico formuló su teoría para el tratamiento de la pandemia en el laboratorio. Quiso ponerla a prueba a través de ensayos clínicos.
  - ➢ Cómo decir la frase de ejemplo con jergas, frases o modismos estadounidenses: The brilliant scientist developed his formulation theory in the lab for pandemic treatment. He wants the **rubber to hit the road**.

- **Embellish** – significa añadir algo lujoso para hacerlo más lindo.
  - ➢ Frase de ejemplo: Our Christmas tree set up is complete. It was beautiful since my daughter added more decorations to it.
  - ➢ Frase de ejemplo traducida al español: Nuestro árbol de navidad está terminado. Quedó hermoso desde que mi hija le añadió más adornos.
  - ➢ Cómo decir la frase de ejemplo con jergas, frases o modismos estadounidenses: Our Christmas tree set up is complete. It was beautiful since my daughter **embellished it**.

- **Reservations** – significa estar en desacuerdo.
  - ➢ Frase de ejemplo: My wife disagrees to purchase an old model home.

➢ Frase de ejemplo traducida al español: Mi esposa no está de acuerdo en comprar una casa anticuada.

➢ Cómo decir la frase de ejemplo con jergas, frases o modismos estadounidenses: My wife has **reservations** to purchase an old model home.

- **Blew your mind** – significa impresionar extremadamente a alguien.
  ➢ Frase de ejemplo: The success of Apollo 11 moon landing mission extremely impressed everyone.
  ➢ Frase de ejemplo traducida al español: El éxito de la misión de alunizaje del Apolo 11 impresionó a todos extremadamente.
  ➢ Cómo decir la frase de ejemplo con jergas, frases o modismos estadounidenses: The success of Apollo 11 moon landing mission **blew the mind** of everyone.

- **Hefty** – significa "grande".
  ➢ Frase de ejemplo: Ruben decided to retire from working and was compensated for large amount of retirement pay.
  ➢ Frase de ejemplo traducida al español: Ruben decidió retirarse del trabajo fue indemnizado con una gran suma del pago fr jubilación.
  ➢ Cómo decir la frase de ejemplo con jergas, frases o modismos estadounidenses:
  Ruben decided to retire from working and was compensated for **hefty** retirement pay.

- **Uncanny** – se refiere a algo misterioso o extraño que parece sobrenatural.
  - ➤ Frase de ejemplo: Our family friend said something mysterious and mentioned our relative will encounter a car accident next month.
  - ➤ Frase de ejemplo traducida al español: El amigo de nuestra familia dijo algo misterioso, y mencionó que un familiar va a tener un accidente automovilístico el próximo mes.
  - ➤ Cómo decir la frase de ejemplo con jergas, frases o modismos estadounidenses: Our family friend was **uncanny** and mentioned our relative will encounter a car accident next month.

- **Right on the money** – significa algo correcto o preciso.
  - ➤ Frase de ejemplo: The GPS is an accurate instrument for navigating purposes.
  - ➤ Frase de ejemplo traducida al español: El GPS es un instrumento preciso que se utiliza para navegar.
  - ➤ Cómo decir la frase de ejemplo con jergas, frases o modismos estadounidenses: The GPS is an accurate instrument and **right on the money** for navigating purposes.

- **Birthday suit** – significa estar desnudo (como los bebés al nacer).
  - ➤ Frase de ejemplo: Some entertainers were performing half naked.
  - ➤ Frase de ejemplo traducida al español: Algunos artistas actuaban medio desnudos.

➤ Cómo decir la frase de ejemplo con jergas, frases o modismos estadounidenses: Some entertainers were performing in **birthday suit**.

- **Eye-opener** – se refiere a una situación o evento revelador.
  ➤ Frase de ejemplo: Thousands of supporters attended the Presidents' speech, and it was enlightening.
  ➤ Frase de ejemplo traducida al español: Miles de simpatizantes asistieron al discurso del presidente, y fue revelador.
  ➤ Cómo decir la frase de ejemplo con jergas, frases o modismos estadounidenses: Thousands of supporters attended the Presidents' speech, and it was an **eye-opener.**

- **Above and beyond** – significa hacer algo más o hacerlo mejor de lo que podrías esperar usualmente de alguien.
  ➤ Frase de ejemplo: Our soldiers are dedicated to do beyond the call of duty.
  ➤ Frase de ejemplo traducida al español: Nuestros soldados están dedicados a hacer más de lo que se espera de su deber.
  ➤ Cómo decir la frase de ejemplo con jergas, frases o modismos estadounidenses: Our soldiers are dedicated to go **above and beyond.**

- **Goose bumps** – significa que el pelo de la piel de una persona se levanta y tiene algunas protuberancias porque se asustó, sintió miedo o emoción.
  - ➤ Frase de ejemplo: We watched an action horror movie yesterday. It was a good one and all of us got scared while watching it.
  - ➤ Frase de ejemplo traducida al español: Miramos una película de terror ayer. Era una buena, y todos nos asustamos al verla.
  - ➤ Cómo decir la frase de ejemplo con jergas, frases o modismos estadounidenses: We watched an action horror movie yesterday. It was a good one and all of us got **goose bumps** watching it.

- **Needle in the haystack** – se refiere a algo que es difícil de encontrar.
  - ➤ Frase de ejemplo: I forgot where I placed my car keys at home, sure enough that it is difficult to find.
  - ➤ Frase de ejemplo traducida al español: Olvidé dónde dejé las llaves del auto en casa. Seguro que va a ser difícil encontrarlas.
  - ➤ Cómo decir la frase de ejemplo con jergas, frases o modismos estadounidenses:
    I forgot where I placed my car keys at home, and it is a **needle in the haystack.**

- **Razor thin** – significa algo extremadamente angosto.
  - ➤ Frase de ejemplo: Los Angeles Lakers won season play-off game over their opponent with 1-point extremely thin margin.
  - ➤ Frase de ejemplo traducida al español: Los Ángeles Lakers ganaron el partido de desempate sobre su

oponente con un punto de más en un margen muy angosto.

➤ Cómo decir la frase de ejemplo con jergas, frases o modismos estadounidenses:
Los Angeles Lakers won season play-off game over their opponent with 1-point **razor thin** margin.

➤ **Startling** – se refiere a algo muy sorprendente.

➤ Frase de ejemplo: The police found very surprising evidence against the criminal suspect.

➤ Frase de ejemplo traducida al español: La policía encontró evidencia sorprendente en contra del criminal.

➤ Cómo decir la frase de ejemplo con jergas, frases o modismos estadounidenses:
The police found **startling** evidence against the criminal suspect.

- **Same here** – significa estar de acuerdo.

  ➤ Frase de ejemplo: My friend discussed his business strategies that made him successful. I agree with his idea.

  ➤ Frase de ejemplo traducida al español: Mi amigo habló de sus estrategias empresariales que le hicieron triunfar. Estoy de acuerdo con su idea.

  ➤ Cómo decir la frase de ejemplo con jergas, frases o modismos estadounidenses:
  My friend discussed his business strategies that made him successful. **Same here** on his idea.

- **I feel you** – significa entender y empatizar con otros.

  ➤ Frase de ejemplo: Your father is right to motivate you to finish your college education. I understand and empathize with him.

- Frase de ejemplo traducida al español: Tu padre tiene razón en motivarte a terminar la universidad. Entiendo y empatizo con lo que dice.
- Cómo decir la frase de ejemplo con jergas, frases o modismos estadounidenses:
  Your father is right to motivate you to finish your college education. **I feel him.**

- **Put icing on the cake** – significa añadir algo extra para hacer de algo aún mejor.
  - Frase de ejemplo: He sent his custom made bike to modification shop and add painting designs to make it look good even better.
  - Frase de ejemplo traducida al español: Envió su bicicleta personalizada al taller de modificaciones para que le añadieran diseños de pintura y que se viera aún mejor.
  - Cómo decir la frase de ejemplo con jergas, frases o modismos estadounidenses:
    He sent his custom-made bike to modification shop and **put icing on the cake.**

- **Hey whats up?** - significa "¿cómo está todo?" o "¿cómo te va?".
  - Frase de ejemplo: Hey Roger, I saw you're working on your new car. What is going on?
  - Frase de ejemplo traducida al español: Oye, Roger, he visto que estás trabajando en tu nuevo coche. ¿Cómo te va?
  - Cómo decir la frase de ejemplo con jergas, frases o modismos estadounidenses:
    Hey Roger, I saw you're working on your new car. **Hey what's up**?

- **Freebie** – hace referencia a que algo es gratuito.
  - ➤ Frase de ejemplo: When you purchase a new car, the dealership will give you a free car wash.
  - ➤ Frase de ejemplo traducida al español: Cuando compres un nuevo auto, la concesionaria te regalará un lavado gratis.
  - ➤ Cómo decir la frase de ejemplo con jergas, frases o modismos estadounidenses: When you purchase a new car, the dealership will give you a car wash, its **freebie.**

- **In no time** – significa muy pronto.
  - ➤ Frase de ejemplo: According to medical experts, the Covid-19 pandemic may end soon.
  - ➤ Frase de ejemplo traducida al español: De acuerdo a los expertos médicos, la pandemia de COVID-19 podría acabar pronto.
  - ➤ Cómo decir la frase de ejemplo con jergas, frases o modismos estadounidenses: According to medical experts, the Covid-19 pandemic may end **in no time.**

- **Chill / Chill Out** – significa calmarse en ocasiones casuales.
  - ➤ Frase de ejemplo: Your brother is being overly excited at a basketball NBA championship game, he needs to calm down.
  - ➤ Frase de ejemplo traducida al español: Tu hermano está extremadamente emocionado en el juego del campeonato de baloncesto de la NBA. Tiene que calmarse.
  - ➤ Cómo decir la frase de ejemplo con jergas, frases o modismos estadounidenses: Your brother is being

overly excited at a basketball NBA championship game, he needs to **chill out**.

Frases de ejemplo utilizadas en un **AMBIENTE LABORAL O DE NEGOCIOS**

- **Done deal** – significa que el trabajo o actividad ha sido completada.
  - ➢ Frase de ejemplo: They installed all components in the computer, the repair is completed.
  - ➢ Frase de ejemplo traducida al español: Instalaron todos los componentes en la computadora. La reparación ya está lista.
  - ➢ Cómo decir la frase de ejemplo con jergas, frases o modismos estadounidenses: They installed all components in the computer, the repair is **done deal**.

- **Cumbersome** – se refiere a algo difícil.
  - ➢ Frase de ejemplo: The procedure for repairing this product is difficult.
  - ➢ Frase de ejemplo traducida al español: El procedimiento de reparación de este producto es complicado.
  - ➢ Cómo decir la frase de ejemplo con jergas, frases o modismos estadounidenses: The procedure for repairing this product is **cumbersome.**

- **Make the call** – significa tomar una decisión.
  - ➢ Frase de ejemplo: The situation is getting worst and suggest you make the decision.

> Frase de ejemplo traducida al español: El problema es más grave, y te recomiendo que tomes una decisión.

> Cómo decir la frase de ejemplo con jergas, frases o modismos estadounidenses: The situation is getting worst and suggest you **make the call**.

- **What's up?** – es lo mismo que decir "¿cómo está todo?"

  > Frase de ejemplo: Hey Robert, how is everything going?

  > Frase de ejemplo (traducida al español): Hey, Robert, ¿cómo está todo?

  > Frase de ejemplo (dicha con una jerga estadounidense): Hey Robert, **what's up?**

- **What's the hold up?** – significa "¿cuál es el problema que está causando el retraso?"

  > Frase de ejemplo: There is a delivery problem, what is causing the delay?

  > Frase de ejemplo (traducida al español): Existe un problema en la entrega, ¿qué está causando el retraso?

  > Cómo decir la frase de ejemplo con jergas estadounidenses: There a delivery problem, **what's the hold up?**

- **The bottom line** – significa el resultado

  > Example statemen: After the investigation and analysis, tell me what is the result?

  > Frase de ejemplo (traducida al español): Tras la investigación y el análisis, cuéntame, ¿cuál fue el resultado?

➢ Cómo decir la frase de ejemplo con jergas estadounidenses: After the investigation and analysis, tell me what is **the bottom line?**

- **What do you do for a living**? – significa "¿cuál es tu trabajo?".
  ➢ Frase de ejemplo: You have a new and expensive car. If you do not mind asking, what is your job?
  ➢ Frase de ejemplo (traducida al español): Tienes un nuevo y costoso auto. Si te puedo preguntar, ¿de qué trabajas?
  ➢ Cómo decir la frase de ejemplo con jergas estadounidenses: You have a new and expensive car. If you do not mind asking, **what do you do for living?**

- **How much are you making**? – significa cuánto es tu salario.
  ➢ Frase de ejemplo: You have an expensive car and new home. If you do not mind asking, what is your salary as a Doctor?
  ➢ Frase de ejemplo (traducida al español): Tienes un auto costoso y una casa nueva. Si puedo preguntar, ¿cuánto ganas como médico?
  ➢ Cómo decir la frase de ejemplo con jergas, frases o modismos estadounidenses: You have an expensive car and new home. If you do not mind asking, **how much are you making** as a Doctor?

- **In a nutshell** – significa describir algo de una manera sencilla. O describir algo en pocas palabras.
  - ➤ Frase de ejemplo: My friend went to his cousin's birthday and he said it was fun. So many cool things, lots of foods, drinks, and music.
  - ➤ Frase de ejemplo (traducida al español): Mi amigo fue al cumpleaños de su primo y dijo que la pasó bien. Muchas cosas geniales, comida, bebidas y música.
  - ➤ Cómo decir la frase de ejemplo con jergas estadounidenses: My friend went to his cousin's birthday and **in a nutshell** it was fun.

- **Off the hook** – significa que ya no es responsable.
  - ➤ Frase de ejemplo: Somebody took the initiative to do overtime this Saturday and write our report. So, we are no longer responsible to generate it.
  - ➤ Frase de ejemplo (traducida al español): Alguien tomó la iniciativa de trabajar horas extras este sábado y escribir nuestro informe, así que ya no tenemos la responsabilidad de hacerlo.
  - ➤ Cómo decir la frase de ejemplo con jergas estadounidenses: Somebody took the initiative to do overtime this Saturday and write our report. So, we are off the hook.

- **Apple to apple comparison** – significa dos cosas comparadas al mismo tiempo.
  - ➤ Frase de ejemplo: BMW and Mercedes Benz vehicles are both dependable luxury cars. Their features and performance closely the same.
  - ➤ Frase de ejemplo (traducida al español): Los vehículos BMW y Mercedes Benz son autos de

lujo igualmente dependientes. Sus características
y rendimiento se parecen mucho.

➤ Cómo decir la frase de ejemplo con jergas
estadounidenses: BMW and Mercedes Benz
vehicles are both dependable luxury cars. Their
features and performance are **apple to apple**
comparison.

- **Apple to orange comparison** – significa dos cosas
comparadas que no son iguales.

➤ Frase de ejemplo: BMW is a luxury car while
Hyundai is a non-luxury car. Their features are
not the same.

➤ Frase de ejemplo (traducida al español): BMW es
un auto de lujo, y Hyundai es uno normal. Sus
características no son las mismas.

➤ Cómo decir la frase de ejemplo con jergas
estadounidenses: BMW is a luxury car while
Hyundai is a non-luxury car. Their feature is an
apple to orange comparison.

- **Gung Ho** – se refiere a una persona muy entusiasta
y dedicada.

➤ Frase de ejemplo: Jim was very enthusiastic and
dedicated to his new organization role.

➤ Frase de ejemplo (traducida al español): Jim es
muy entusiasta y dedicado en su nuevo cargo
dentro de la organización.

➤ Cómo decir la frase de ejemplo con jergas
estadounidenses: Jim is a **Gung Ho** to his new
organization role.

- **Raise the bar** – significa elevar las expectativas o estándares.
  - ➤ Frase de ejemplo: Our customer is not happy because of our low-quality workmanship. We need to raise our standard.
  - ➤ Frase de ejemplo (traducida al español): Nuestro cliente no está contento con la baja calidad de la mano de obra. Necesitamos elevar nuestros estándares.
  - ➤ Cómo decir la frase de ejemplo con jergas estadounidenses: Our customer is not happy because of our low-quality workmanship. We need to **raise the bar**.

- **Gating Item** – se refiere a problemas o inconvenientes que evitan que un proceso común siga avanzando.
  - ➤ Frase de ejemplo: The production line has stopped, what is the problem preventing operation from moving?
  - ➤ Frase de ejemplo (traducida al español): La línea de producción se detuvo, ¿qué está ocasionando que las operaciones sigan adelante?
  - ➤ Cómo decir la frase de ejemplo con jergas estadounidenses: The production line has stopped, what is the **gating item**?

- **Down to the wire** – significa cerca de la fecha límite.
  - ➤ Frase de ejemplo: The submission of your assignment is near to the deadline and you better work on it now.
  - ➤ Frase de ejemplo (traducida al español): La entrega de tu asignación está cerca de la fecha límite, y será mejor que te pongas a trabajar en ella.

➢ Cómo decir la frase de ejemplo con jergas estadounidenses: The submission of your assignment is **down to the wire** and you better work on it now.

- **Under the gun** – significa bajo presión.
  ➢ Frase de ejemplo: The sales team were under pressure to meet their target in two weeks.
  ➢ Frase de ejemplo (traducida al español): El equipo de ventas estaba bajo presión para cumplir con su objetivo en dos semanas.
  ➢ Cómo decir la frase de ejemplo con jergas, frases o modismos estadounidenses: The sales team were **under the gun** to meet their target in two weeks.

- **Bottleneck** – se refiere a un factor crucial que afectará al éxito de la actividad.
  ➢ Frase de ejemplo: The machine is down and will affect production completion.
  ➢ Frase de ejemplo (traducida al español): La máquina no funciona y esto afectará a la finalización de la producción.
  ➢ Cómo decir la frase de ejemplo con jergas estadounidenses: The machine is a **bottleneck** and will affect production completion.

- **Dialed In** – significa algo que está acoplado a su entorno.
  ➢ Frase de ejemplo: Our new employee is adjusted to our working environment.
  ➢ Frase de ejemplo traducida al español: Nuestro nuevo empleado se acopló al ambiente laboral.

➢ Cómo decir la frase de ejemplo con jergas, frases o modismos estadounidenses: Our new employee is **dialed in** to our working environment.

- **An "A" Item** – significa de máxima prioridad.
  ➢ Frase de ejemplo: Submit the proposed procedure to your Manager, it is a top priority.
  ➢ Frase de ejemplo traducida al español: Enviar el procedimiento propuesto a tu gerente es de máxima prioridad.
  ➢ Cómo decir la frase de ejemplo con jergas, frases o modismos estadounidenses: Submit the proposed procedure to your Manager, it is an **"A" item.**

- **Set stone** – significa establecido.
  ➢ Frase de ejemplo: Workers need to follow the process since this is the established procedure.
  ➢ Frase de ejemplo traducida al español: Los trabajadores necesitan seguir el proceso, ya que es un procedimiento establecido.
  ➢ Cómo decir la frase de ejemplo con jergas, frases o modismos estadounidenses: Workers need to follow the process since this is the **set stone** procedure.

- **Get the hang of it** – significa acostumbrarte.
  ➢ Frase de ejemplo: I know that you are not comfortable of doing to speak in public but soon, you will get used to it.
  ➢ Frase de ejemplo traducida al español: Sé que no estás cómodo con hablar en público, pero pronto te acostumbrarás.

➢ Cómo decir la frase de ejemplo con jergas, frases o modismos estadounidenses: I know that you are not comfortable of doing to speak in public but soon, you will **get the hang of it**.

- **Heads up** – significa informar o notificar.
  ➢ Frase de ejemplo: Please inform Robert.
  ➢ Frase de ejemplo traducida al español: Por favor, notifica a Robert.
  ➢ Cómo decir la frase de ejemplo con jergas, frases o modismos estadounidenses: - Please give a **heads up** to Robert.

- **Nitty Gritty** – significa adentrarse en lo que es esencial y básico.
  ➢ Frase de ejemplo: My cousin will take advance computer training course. He has experience doing repair and basic knowledge of computer operations.
  ➢ Frase de ejemplo: Mi sobrino va a tomar un curso avanzado de computación. Tiene experiencia reparando y conocimientos básicos de operaciones computaciones.
  ➢ Cómo decir la frase de ejemplo con jergas, frases o modismos estadounidenses: My cousin will take advance computer training course. He has the **nitty gritty** experience doing repair and basic knowledge of computer operations.

- **Verbiage** – significa el uso de muchas palabras.
  ➢ Frase de ejemplo: Please use fewer words in the document.

➤ Frase de ejemplo traducida al español: Por favor, utiliza menos palabras en el documento.

➤ Cómo decir la frase de ejemplo con jergas, frases o modismos estadounidenses: Please limit your **verbiage** in this document.

- **Push the envelope** – significa llevar algo al límite o hacer algo al máximo.

  ➤ Frase de ejemplo: The Operations Manager mandated his staff to do something maximum to accomplish the company business goal.

  ➤ Frase de ejemplo traducida al español: El gerente de operaciones ordenó a su personal a dar todo de sí para lograr el objetivo comercial de la empresa.

  ➤ Cómo decir la frase de ejemplo con jergas, frases o modismos estadounidenses: The Operations Manager **push the envelope** with his staff to accomplish the company business goal.

- **Test the Water** – significa enterarse de cómo es algo realmente.

  ➤ Frase de ejemplo: The customer checks the used car from dealership to verify if the vehicle condition is acceptable.

  ➤ Frase de ejemplo traducida al español: El cliente comprueba el auto usado de la concesionaria para verificar si está en una condición aceptable.

  ➤ Cómo decir la frase de ejemplo con jergas, frases o modismos estadounidenses: The customer checks the used car from dealership. He **tests the water** if the vehicle condition is acceptable.

- **Writings on the wall** – significa predicción.
  - ➢ Frase de ejemplo: He resigned from the company. He predicts he will be fired soon.
  - ➢ Frase de ejemplo traducida al español: Renunció a la empresa. Predijo que pronto lo despedirían.
  - ➢ Cómo decir la frase de ejemplo con jergas, frases o modismos estadounidenses: He resigned from the company. He saw **writings on the wall** that he will be fired soon.

- ○ **Have a lot on my plate** – significa ocupado.
  - ➢ Frase de ejemplo: I am busy preparing my report.
  - ➢ Frase de ejemplo traducida al español: Estoy ocupado preparando mi informe.
  - ➢ Cómo decir la frase de ejemplo con jergas, frases o modismos estadounidenses: I **have a lot on my plate** preparing my report.

- ○ **Red line** – significa tomar notas y resaltar las frases más importantes de un documento.
  - ➢ Frase de ejemplo: Our document has errors on the Procedure section. Please read and take note of any mistakes that need to be corrected.
  - ➢ Frase de ejemplo: Nuestro documento tiene errores en la sección de procedimientos. Por favor, lea y tome notas de cualquier error que necesite ser corregido.
  - ➢ Frase de ejemplo: Our document has errors on the Procedure section. Please read and **red line** it.

- ○ **Wordsmith** – se refiere a un escritor hábil y prolífico.
  - ➢ Frase de ejemplo: Who is the prolific writer who wrote this novel?

- ➢ Frase de ejemplo traducida al español: ¿Quién es el prolífico escritor, autor de esta novela?
- ➢ Cómo decir la frase de ejemplo con jergas, frases o modismos estadounidenses: Who is the **wordsmith** who wrote this novel?

- o **Lead the Baton** – significa tomar el liderazgo.
  - ➢ Frase de ejemplo: Our manager will be out next week, and Mike will take the leadership of the group.
  - ➢ Frase de ejemplo traducida al español: Nuestro gerente se ausentará la semana que viene, y Mike asumirá el liderazgo del grupo.
  - ➢ Cómo decir la frase de ejemplo con jergas, frases o modismos estadounidenses: Our manager will be out next week, and Mike will **lead the baton** of the group.

- o **Fool Proof** – significa implementar una acción que seguramente no fallará.
  - ➢ Frase de ejemplo: The problem is recurring, and we must implement a corrective action that sure enough will not fail.
  - ➢ Frase de ejemplo traducida al español: El problema es recurrente. Debemos implementar una acción correctiva que nos asegure que no fallará.
  - ➢ Cómo decir la frase de ejemplo con jergas, frases o modismos estadounidenses:
    The problem is recurring, and we must implement a **fool proof** action.

o **Covered all the bases** – significa encargarse de todo.
  ➢ Frase de ejemplo: We will have overtime this Sunday. Please make sure that everything has been taken care of.
  ➢ Frase de ejemplo traducida al español: Trabajaremos horas extras el domingo. Asegúrense de encargarse de todo.
  ➢ Cómo decir la frase de ejemplo con jergas, frases o modismos estadounidenses: We will have overtime this Sunday. Please make sure we **covered all the bases**.

o **Boo Boo** – se refiere a un error.
  ➢ Frase de ejemplo: We encountered big losses in the business, somebody made mistake.
  ➢ Frase de ejemplo traducida al español: Tuvimos grandes pérdidas comerciales, alguien cometió un error.
  ➢ Cómo decir la frase de ejemplo con jergas, frases o modismos estadounidenses:
    We encountered big losses in the business, somebody made a **boo boo**.

o **Drop the ball** – significa que la persona o equipo no logró completar su tarea.
  ➢ Frase de ejemplo: If one employee failed to do his task, the whole organization will be affected.
  ➢ Frase de ejemplo traducida al español: Si un empleado falla en hacer su tarea, toda la organización se verá afectada.
  ➢ Cómo decir la frase de ejemplo con jergas, frases o modismos estadounidenses: If one employee

drops the ball, the whole organization will be affected.

o **Drop a dime** – significa hacer una llamada telefónica.
  ➢ Frase de ejemplo: He make a telephone call to the police to report a car accident.
  ➢ Frase de ejemplo traducida al español: Llamó a la policía para reportar un accidente de tránsito.
  ➢ Cómo decir la frase de ejemplo con jergas, frases o modismos estadounidenses: He **drops a dime** to the police to report a car accident.

• **Massage the data** – significa que el original cambiará y será manipulado.
  ➢ Frase de ejemplo: The information given to us by our supplier is inaccurate. The Supplier change and fabricated the data.
  ➢ Frase de ejemplo traducida al español: La información que nos dio nuestro proveedor no es certera. El proveedor cambia y manipula los datos.
  ➢ Cómo decir la frase de ejemplo con jergas, frases o modismos estadounidenses: The information given to us by our supplier is inaccurate. The Supplier **massage the data**.

• **Sharp** – se refiere a una persona inteligente.
  ➢ Frase de ejemplo: Our manager is a quick thinker and intelligent person.
  ➢ Frase de ejemplo traducida al español: Nuestro gerente es una persona inteligente y de pensamiento rápido.

➢ Cómo decir la frase de ejemplo con jergas, frases o modismos estadounidenses: Our manager is a **sharp** person.

- **Looking Sharp** – se refiere a una persona bien vestida.
  ➢ Frase de ejemplo: Steve Harvey is a well-dressed person.
  ➢ Frase de ejemplo traducida al español: Steve Harvey es una persona bien vestida.
  ➢ Cómo decir la frase de ejemplo con jergas, frases o modismos estadounidenses: Steve Harvey is tipically **looking sharp**.

- **Hit the nail on the head** – significa encontrar la respuesta apropiada.
  ➢ Frase de ejemplo: The defendant Attorney was asked by the judge about his client's alibi, he find the right answer.
  ➢ Frase de ejemplo traducida al español: El juez le pidió la coartada del cliente al abogado defensor para hallar la respuesta apropiada.
  ➢ Cómo decir la frase de ejemplo con jergas, frases o modismos estadounidenses: The defendant Attorney was asked by the judge about his client's alibi, he **hit the nail on the head.**

- **Leave no stone unturned** – significa hacer todo el esfuerzo posible.
  ➢ Frase de ejemplo: If you are desperate for good result, make all possible effort before giving it up.
  ➢ Frase de ejemplo traducida al español: Si estás desesperado por obtener buenos resultados, haz todo el esfuerzo posible antes de rendirte.

➤ Cómo decir la frase de ejemplo con jergas, frases o modismos estadounidenses: If you are desperate for good result, **leave no stone unturned**.

- **Low hanging fruit** – se refiere a algo que es fácilmente alcanzable.
  ➤ Frase de ejemplo: Let us prioritize projects that can easily be achieved before the attending to the difficult ones.
  ➤ Frase de ejemplo traducida al español: Déjanos priorizar los proyectos que pueden ser logrados con mayor facilidad antes de pasar a los más complicados.
  ➤ Cómo decir la frase de ejemplo con jergas, frases o modismos estadounidenses: Let us prioritize easy projects that are **low hanging fruit** before the attending to difficult ones.

- **Shed light** – significa revelar o aclarar.
  ➤ Frase de ejemplo: I am not clear on the topic and request the speaker to give an explanation.
  ➤ Frase de ejemplo traducida al español: No tengo claro ni el tema ni la solicitud del hablante para dar una explicación.
  ➤ Cómo decir la frase de ejemplo con jergas, frases o modismos estadounidenses: I am not clear on the topic and request the speaker to **shed light** on it.

- **Do not put all your eggs in one basket** – significa no dirigir todos los recursos a una sola área, pues podrías perderlo todo.
  ➤ Frase de ejemplo: When investing your money, do not risk to put hem in one investment stock only.

- ➤ Frase de ejemplo traducida al español: Al invertir tu dinero, no te arriesgues a invertirlo en un solo fondo de inversión.
- ➤ Cómo decir la frase de ejemplo con jergas, frases o modismos estadounidenses: When investing your money, **do not put all your eggs in one basket**.

- **Right down your alley/ right up your alley** – significa que sería perfecto para ti o ideal según tus capacidades e intereses.
  - ➤ Frase de ejemplo: The job is ideal for your skills and interest.
  - ➤ Frase de ejemplo traducida al español: El trabajo es ideal según tus capacidades e intereses.
  - ➤ Cómo decir la frase de ejemplo con jergas, frases o modismos estadounidenses: The job is **right down your alley**.

- **Dig your heels in** – significa rechazar cambiar tus planes o ideas sobre algo.
  - ➤ Frase de ejemplo: There is a short notice from our Supervisor to work this Sunday. I refuse the change my plans to spend the weekend with my family.
  - ➤ Frase de ejemplo traducida al español: Hubo un breve aviso de nuestro supervisor para que trabajemos el domingo. No tengo intenciones de cambiar mis planes de pasar el fin de semana con mi familia.
  - ➤ Cómo decir la frase de ejemplo con jergas, frases o modismos estadounidenses: There is a short notice from our Supervisor to work this Sunday.

I **dig my heels in** to spend the weekend with my family.

- **To burn the bridges** – significa que una persona hizo algo tan inapropiado que es imposible recuperar la situación.
  - ➢ Frase de ejemplo: Jim has high passion for success and in their group meeting, he offended his co-workers. It was inappropriate and made it impossible to bring back the good work relationship.
  - ➢ Frase de ejemplo traducida al español: Jim tiene una gran pasión por el éxito y, durante su reunión grupal, ofendió a sus compañeros de trabajo. Fue inapropiado y nunca pudo retomarse una buena relación laboral.
  - ➢ Cómo decir la frase de ejemplo con jergas, frases o modismos estadounidenses: Jim has high passion for success and in their group meeting, he offended his co-workers. It was inappropriate and he **burned the bridges.**

- **Walk on water** – significa desempeñar una tarea imposible.
  - ➢ Frase de ejemplo: I requested the technician to finish repairing my car today. He made a comment that it's an impossible task.
  - ➢ Frase de ejemplo traducida al español: Le pedí al técnico que terminara la reparación de mi auto para hoy. Hizo un comentario de que era una tarea imposible.
  - ➢ Cómo decir la frase de ejemplo con jergas, frases o modismos estadounidenses: I requested the

technician to finish repairing my car today. He made a comment that he'll **walk on water.**

- **Hang the moon** – significa que te refieres a una persona que pensaste que era extremadamente buena o asombrosa.
  - ➢ Frase de ejemplo: The Doctor requested his nurse to be his assistant since she is exceptionally good.
  - ➢ Frase de ejemplo traducida al español: El doctor le pidió a su enfermera que fuese su asistente, ya que él cree que ella es extremadamente buena.
  - ➢ Cómo decir la frase de ejemplo con jergas, frases o modismos estadounidenses: The Doctor requested his nurse to be his assistant since she **hang the moon.**

- **Not touch it with a ten-foot pole** – significa que no considerarás involucrarte en algo sin importar la circunstancia.
  - ➢ Frase de ejemplo: It was a stressful situation inside the courtroom. The witness apparently would not consider being involved under any circumstances.
  - ➢ Frase de ejemplo traducida al español: En el juzgado se desarrolló una situación muy estresante. El testigo, aparentemente, no afirmó estar involucrado de ninguna manera.
  - ➢ Cómo decir la frase de ejemplo con jergas, frases o modismos estadounidenses: It was a stressful situation inside the courtroom. The witness apparently would **not touch it with ten-foot pole.**

- **Make hay while the sun shines** – significa maximizar las cosas cuando tengas la oportunidad, sin esperar hasta que sea muy tarde.
  - ➤ Frase de ejemplo: Since you are working on to correct the assembly issue, might as well maximize all effort when you have the opportunity and do not wait until it is too late.
  - ➤ Frase de ejemplo traducida al español: Dado que estás trabajando para corregir los problemas de montaje, también podrías esforzarte al máximo cuando tengas la oportunidad y no esperar a que sea muy tarde.
  - ➤ Cómo decir la frase de ejemplo con jergas, frases o modismos estadounidenses: Since you are working on to correct the assembly issue, might as well **make hay while the sun shines**!

- **Steal one's thunder** – significa que alguien roba tus ideas o invenciones para su propio beneficio.
  - ➤ Frase de ejemplo: The inventor overlooked to register his design for patent and someone stole his idea.
  - ➤ Frase de ejemplo traducida al español: El inventor se olvidó de registrar su diseño para patentarlo y alguien le robó la idea.
  - ➤ Cómo decir la frase de ejemplo con jergas, frases o modismos estadounidenses: The inventor overlooked to register his design for patent and someone **stole his thunder**.

- **To cry wolf** – significa dar una falsa alarma sobre algo.
  - ➢ Frase de ejemplo: The Supervisor receive wrong information and raised false alarm addressing the issue.
  - ➢ Frase de ejemplo traducida al español: El supervisor recibió información errónea y dio una falsa alarma para abordar el problema.
  - ➢ Cómo decir la frase de ejemplo con jergas, frases o modismos estadounidenses: The Supervisor receive wrong information and **cried wolf** about the issue.

- **Chicken** – se refiere a una persona cobarde.
  - ➢ Frase de ejemplo: Bungee jump is thrilling and do not be a scared to try it.
  - ➢ Frase de ejemplo traducida al español: El puentismo es emocionante y no tengas miedo de intentarlo.
  - ➢ Cómo decir la frase de ejemplo con jergas, frases o modismos estadounidenses: Bungee jump is thrilling and do not be a **chicken** and not try it.

- **To rest your laurels** – significa estar satisfecho con tus logros a los que haces el mínimo esfuerzo para mejorar.
  - ➢ Frase de ejemplo: Today's career market is highly competitive. Do not be satisfied with your own achievements that you make no effort to improve.
  - ➢ Frase de ejemplo traducida al español: El mercado laboral de hoy en día es altamente competitivo. No te satisfagas con tus logros personales de los que no haces el mínimo esfuerzo para mejorar.

➢ Cómo decir la frase de ejemplo con jergas, frases o modismos estadounidenses: Today's career market is highly competitive. Do not **rest your laurels!**

• **Still wet behind the ears** – significa sin experiencia.
    ➢ Frase de ejemplo: The new salesman cannot achieve good deal; he is inexperienced to sales.
    ➢ Frase de ejemplo traducida al español: El nuevo vendedor no puede cerrar buenos tratos. No tiene experiencia en ventas.
    ➢ Cómo decir la frase de ejemplo con jergas, frases o modismos estadounidenses: The new salesman cannot achieve good deal; he is **still wet behind the ears**.

• **Fly by the seat of one's pants** – significa hacer algo difícil inclusive cuando no se tiene la experiencia.
    ➢ Frase de ejemplo: Carl took emergency leave and Andrew was assigned to do something difficult even though he does not have experience.
    ➢ Frase de ejemplo traducida al español: Carl se tomó un permiso de emergencia y asignaron a Andrew a hacer algo complicado inclusive cuando no tiene experiencia.
    ➢ Cómo decir la frase de ejemplo con jergas, frases o modismos estadounidenses: Carl took emergency leave and Andrew was assigned **to fly by seat of his pants.**

- **Impromptu** – significa realizar una actividad o hacer algo sin planificarlo.
  - ➤ Frase de ejemplo: This is emergency. Since you have experience on issue mitigations, suggest you do something quickly without planning on how it can be addressed.
  - ➤ Frase de ejemplo traducida al español: Esta es una emergencia. Ya que tienes experiencia en mitigar problemas, te recomiendo que hagas algo rápido sin planificarlo para abordar el problema.
  - ➤ Cómo decir la frase de ejemplo con jergas, frases o modismos estadounidenses: This is emergency. Since you have experience on issue mitigations, do something **impromptu.**

- **Wing it** – lo mismo que "impromptu".
  - ➤ Frase de ejemplo: This is emergency. Since you have experience on issue mitigations, suggest you do something quickly without planning on how it can be addressed.
  - ➤ Frase de ejemplo traducida al español: Esta es una emergencia. Ya que tienes experiencia en mitigar problemas, te recomiendo que hagas algo rápido sin planificarlo para abordar el problema.
  - ➤ Cómo decir la frase de ejemplo con jergas, frases o modismos estadounidenses: This is emergency. Since you have experience on issue mitigations, you **wing it.**

- **Plan A** – se refiere al plan principal prioritario o crucial.
  - ➤ Frase de ejemplo: We will use a customer approved component and that is our priority plan.

➤ Frase de ejemplo traducida al español: Utilizaremos un componente aprobado por el cliente y ese es nuestro plan prioritatio.

➤ Cómo decir la frase de ejemplo con jergas, frases o modismos estadounidenses: We will use a customer approved component and that is our **Plan A.**

- **Plan B** – se refiere a un plan alternativo.

  ➤ Frase de ejemplo: We will use an alternative customer approved component to solve the problem. That is our alternative if our first plan did not work.

  ➤ Frase de ejemplo: Utilizaremos los componentes aprobados por el usuario para solucionar el problema, siendo este nuestro plan prioritario.

  ➤ Cómo decir la frase de ejemplo con jergas, frases o modismos estadounidenses: We will use an alternative customer approved component to solve the problem. That is our **Plan B** assuming our first plan did not work.

- **Looking at one's shoulder** – significa preocuparse por la posibilidad de que algo malo puede suceder.

- Frase de ejemplo: The economy is getting bad due to global pandemic situation. You must look and check your business status that something bad will happen.

- Frase de ejemplo traducida al español: La economía está empeorando por la pandemia. Deberías revisar el estado de tu negocio, preparándote por si algo malo sucede.

- Cómo decir la frase de ejemplo con jergas, frases o modismos estadounidenses: The economy is getting bad due to global pandemic situation. You must **look at your shoulder.**

- **Thrown a curve ball** – significa sorprender a otros con algo que creen que es difícil de lidiar.
  - ➢ Frase de ejemplo: Our boss gave us a new policy and we find it difficult to follow.
  - ➢ Frase de ejemplo traducida al español: Nuestro jefe nos ha dado una nueva política y nos resulta difícil seguirla.
  - ➢ Cómo decir la frase de ejemplo con jergas, frases o modismos estadounidenses: Our boss has **thrown a curve ball** giving us a new policy.

- **Upset the apple cart** – significa estropear un plan cuidadosamente elaborado.
  - ➢ Frase de ejemplo: Monica cancelled the meeting on short notice, and it spoil a carefully laid plan.
  - ➢ Frase de ejemplo traducida al español: Mónica canceló la reunión con muy poca anticipación, y eso arruinó nuestro plan tan cuidadosamente elaborado.
  - ➢ Cómo decir la frase de ejemplo con jergas, frases o modismos estadounidenses: Monica cancelled the meeting on short notice, and it **upset the apple cart.**

- **Nip it in the bud** – significa detener algo antes de que se desarrolle.
  - ➢ Frase de ejemplo: Your operator is spending so much time in playing computer games during work hours. Might as well do something to stop it before he becomes addicted to it.
  - ➢ Frase de ejemplo traducida al español: Tu operador pasa mucho tiempo jugando videojuegos durante sus horas laborales. Deberías hacer algo para evitar que se vuelva adicto a ellos.
  - ➢ Cómo decir la frase de ejemplo con jergas, frases o modismos estadounidenses: Your operator is spending so much time in playing computer games during work hours. Might as well do something **to nip it in the bud**.

- **Another feather on my hat** – se refiere a un logro que te ayudará en el futuro.
  - ➢ Frase de ejemplo: He maintained his good work habits and that will help in the future.
  - ➢ Frase de ejemplo traducida al español: Mantuvo buenos hábitos laborales que le ayudarán en el futuro.
  - ➢ Cómo decir la frase de ejemplo con jergas, frases o modismos estadounidenses: He maintained his good work habits and it will be **another feather on his hat.**

- **Feather your own nest** – significa utilizar tu cargo o autoridad para obtener un beneficio personal.
  - ➢ Frase de ejemplo: The Sales Supervisor transferred illegal transactions. He used his position to credit himself as best salesperson of the group.

➢ Frase de ejemplo traducida al español: El supervisor de ventas realizó transacciones ilegales. Utilizó su cargo para acreditarse como el mejor vendedor del grupo.

➢ Cómo decir la frase de ejemplo con jergas, frases o modismos estadounidenses: The Sales Supervisor transferred illegal transactions. He **feathered his own nest** to maintain the recognition as best salesperson of the group.

- **Win win situation** – se refiere a una situación beneficiosa donde todas las partes se beneficiarán del resultado.

  ➢ Frase de ejemplo: The newly designed home appliance out in the market will benefit both consumer and manufacturer.

  ➢ Frase de ejemplo traducida al español: El nuevo diseño del electrodoméstico que está por salir al mercado beneficiará tanto al consumidor como al fabricante.

  ➢ Cómo decir la frase de ejemplo con jergas, frases o modismos estadounidenses: The newly designed home appliance out in the market will be a **win-win situation** for consumer and manufacturer.

- **Wear many hats** – significa que puede tomar distintas actividades o roles.

  ➢ Frase de ejemplo: Our Manager can do various task and was able to complete the project on time in spite of manpower shortage.

  ➢ Frase de ejemplo traducida al español: Nuestro gerente puede realizar varias tareas y fue capaz de completar el proyecto a tiempo a pesar de la escasez de mano de obra.

- ➤ Cómo decir la frase de ejemplo con jergas, frases o modismos estadounidenses: Our Manager **wears many hats** and was able to complete the Project on time in spite of manpower shortage.

- **Keep one on your toes** – significa algo que te detiene de relajarte y te fuerza a estar listo por si sucede cualquier cosa.
  - ➤ Frase de ejemplo: I work in Care Home taking care of senior citizens. They keep me going all the time making me to get ready for anything that might happen.
  - ➤ Frase de ejemplo traducida al español: Trabajo en un hogar de la tercera edad. Me mantienen alerta todo el tiempo por si algo llega a suceder.
  - ➤ Cómo decir la frase de ejemplo con jergas, frases o modismos estadounidenses: I work in Care Home taking care of senior citizens. They **keep me on my toes.**

- **Cut and Dried** – significa completamente decidido.
  - ➤ Frase de ejemplo: The corrective action was completely decided to address the recurring issue.
  - ➤ Frase de ejemplo traducida al español: La acción correcta fue decidida por completo para abordar este problema recurrente.
  - ➤ Cómo decir la frase de ejemplo con jergas, frases o modismos estadounidenses: The corrective action was a **cut and dried** to address the recurring issue.

- **Dead Set** – significa algo que fue determinado o decidido firmemente.
  - ➤ Frase de ejemplo: Dan was firmly decided to mandate his Supervisor to complete the report for their customer.
  - ➤ Frase de ejemplo traducida al español: Dan fue firme sobre su decisión de que su supervisor escribiera el informe completo para su cliente.
  - ➤ Cómo decir la frase de ejemplo con jergas, frases o modismos estadounidenses: Dan was **dead set** to mandate his Supervisor to complete the report for their customer.

- **No brainer** – significa que se necesita muy poca o ninguna evaluación mental.
  - ➤ Frase de ejemplo: The Technician analyzed the product that failure was simple and no assessment is needed.
  - ➤ Frase de ejemplo traducida al español: El técnico analizó el producto, concluyendo que tenía una falla simple y no se necesitaba de una evaluación.
  - ➤ Cómo decir la frase de ejemplo con jergas, frases o modismos estadounidenses: The Technician analyzed the product that failure was simple and a **no brainer.**

- **Buy in** – significa aceptación o voluntad de apoyar.
  - ➤ Frase de ejemplo: We presented our plans, and the board members accepted the idea.
  - ➤ Frase de ejemplo traducida al español: Presentamos nuestros planes, y los miembros de la junta aceptaron la idea.

➤ Cómo decir la frase de ejemplo con jergas, frases o modismos estadounidenses: We presented our plans, and the board members **buy in** with the idea.

- **Data massage** – significa corregir (limpiar datos de mala calidad) o manipularlos.
  ➤ Frase de ejemplo: I reviewed the data and there were a lot of errors. It needs clean up before sending it to our customer.
  ➤ Frase de ejemplo traducida al español: Revisé los datos y había muchos errores. Necesitan corregirse antes de enviarlos al cliente.
  ➤ Cómo decir la frase de ejemplo con jergas, frases o modismos estadounidenses: I reviewed the data and there were a lot of errors. It needs **data massage** before sending it to our customer.

- **Safety net** – significa un salvaguardo o seguridad.
  ➤ Frase de ejemplo: Saving at least 10% of your regular income will give security to your financial structure.
  ➤ Frase de ejemplo traducida al español: Guardar al menos 10% de tus ingresos regulares te dará el salvaguardo de tu estructura financiera.
  ➤ Cómo decir la frase de ejemplo con jergas, frases o modismos estadounidenses: Saving at least 10% of your regular income will give you a **safety net** to your financial structure.

- **Flimsy** – se refiere a algo débil o hecho de un material débil.
  - ➤ Frase de ejemplo: I purchased a cheap cell phone for my younger brother and after a month, it was not working properly. It has a weak material.
  - ➤ Frase de ejemplo traducida al español: Le compré un celular barato a mi hermano más joven pero después de un mes dejó de funcionar apropiadamente. Está hecho de un material débil.
  - ➤ Cómo decir la frase de ejemplo con jergas, frases o modismos estadounidenses: I purchased a cheap cell phone for my younger brother and after a month, it was not working properly. It is **flimsy**.

- **The cutting edge** – significa el último, más avanzado de su tipo, o estar a la vanguardia.
  - ➤ Frase de ejemplo: Big electronic companies typically develop latest technology designs to lead them to market competition.
  - ➤ Frase de ejemplo traducida al español: Las grandes empresas tecnológicas desarrollan los diseños más vanguardistas para liderar el mercado de sus competidores.
  - ➤ Cómo decir la frase de ejemplo con jergas, frases o modismos estadounidenses: Big electronic companies typically develop **cutting edge** technology designs to lead them to market competition.

- **Cut corners** – significa utilizar un atajo o hacerlo de la manera más sencilla.
  - ➢ Frase de ejemplo: The patient was not comfortable when his Doctor did a short cut- easy way method to diagnose his back pains.
  - ➢ Frase de ejemplo traducida al español: El paciente no estuvo cómodo cuando su médico utilizó el método más fácil para diagnosticar sus dolores de espalda.
  - ➢ Cómo decir la frase de ejemplo con jergas, frases o modismos estadounidenses: The patient was not comfortable when his Doctor **cut corners** to diagnose his ailment.

- **Understatement** – significa de menor importancia.
  - ➢ Frase de ejemplo: During our band rehearsal, our guitarist was off timing to the tempo and the band leader said it is less important.
  - ➢ Frase de ejemplo traducida al español: Durante el ensayo de nuestra banda, nuestro guitarrista estaba fuera de tiempo y el líder de la banda dijo que esto no tenía mucha importancia.
  - ➢ Cómo decir la frase de ejemplo con jergas, frases o modismos estadounidenses: During our band rehearsal, our guitarist was off timing to the tempo and the band leader said it is an **understatement**.

- **What are you up to?** – significa "¿qué andas haciendo?".
  - ➢ Frase de ejemplo: Hey Jaime, I have not seen you for a while. What are you doing lately?

- Frase de ejemplo traducida al español: Oye, Jaime, no nos vemos desde hacía tiempo. ¿En qué andas últimamente?
- Cómo decir la frase de ejemplo con jergas, frases o modismos estadounidenses: Hey Jaime, I have not seen you for a while. **What are you up to lately?**

- **Run out of gas** – significa que no se tiene la energía requerida para completar una actividad.
  - Frase de ejemplo: My Supervisor had implemented numerous corrective actions to address the issue. Unfortunately, the issue still exists, and he no longer has the energy to complete the task.
  - Frase de ejemplo traducida al español: Mi supervisó implementó numerosas acciones correctivas para abordar el problema. Desaforadamente, el problema sigue existiendo, y ya no tiene la energía para realizar esta actividad.
  - Cómo decir la frase de ejemplo con jergas, frases o modismos estadounidenses: My Supervisor had implemented numerous corrective actions to address the issue. Unfortunately, the issue still exists, and he **run out of gas.**

- **Snapshot** – se refiere al estado inicial.
  - Frase de ejemplo: Here is the initial status report of our big project.
  - Frase de ejemplo traducida al español: Aquí está el reporte de estado inicial de nuestro gran proyecto.
  - Cómo decir la frase de ejemplo con jergas, frases o modismos estadounidenses: Here is a **snapshot** of our big project.

- **Challenge** – significa hacer una pregunta de si algo es verdadero o correcto.
  - ➢ Frase de ejemplo: You did not perform a thorough analysis to define the root cause of the problem. The team question your mitigation plan.
  - ➢ Frase de ejemplo traducida al español: No realizaste un análisis exhaustivo para definir la raíz del problema. El equipo pone en duda tu plan de mitigación.
  - ➢ Cómo decir la frase de ejemplo con jergas, frases o modismos estadounidenses: You did not perform a thorough analysis to define the root cause of the problem. The team **challenge** your mitigation plan.

- **Mom and Pop Shop** – se refiere a una pequeña unidad de negocios.
  - ➢ Frase de ejemplo: Our Director already approved using XYZ Supplier although, they are only a small business unit.
  - ➢ Frase de ejemplo traducida al español: Nuestro director ya aprobó la utilización del proveedor XYZ; es una pequeña unidad de negocios.
  - ➢ Cómo decir la frase de ejemplo con jergas, frases o modismos estadounidenses: Our Director already approved using XYZ Supplier although, they are Mom **and Pop shop** only.

- **Brainchild** – es la idea o invención de una persona.
  - ➢ Frase de ejemplo: The Wright Brothers invented the airplane and made the dream of flying to come true.

➢ Frase de ejemplo traducida al español: Los hermanos Wright inventaron el avión e hicieron realidad el sueño de volar.

➢ Cómo decir la frase de ejemplo con jergas, frases o modismos estadounidenses: The airplane was the **brainchild** of the Wright Brothers, and made the dream of flying to come true.

- **Under the gun** – significa que la persona está bajo presión de cumplir con la fecha límite.

  ➢ Frase de ejemplo: The university students were under pressure to meet their homework deadline.

  ➢ Frase de ejemplo traducida al español: Los estudiantes universitarios estaban bajo presión de cumplir con la fecha límite de sus tareas.

  ➢ Cómo decir la frase de ejemplo con jergas, frases o modismos estadounidenses: The university students were **under the gun** to meet their homework deadline.

- **Downsize** – significa hacer algo más pequeño.

  ➢ Frase de ejemplo: Due to financial losses, our company decided to cut cost and made the workforce smaller.

  ➢ Frase de ejemplo traducida al español: Debido a las pérdidas financieras, nuestra empresa decidió cortar los costos y reducir la nómina de trabajadores.

  ➢ Cómo decir la frase de ejemplo con jergas, frases o modismos estadounidenses: Due to financial losses, our company decided to cut cost and **downsize** the workforce.

- **Bumped up** – significa obtener un ascenso.
  - ➤ Frase de ejemplo: After five years of my career with good accomplishments, I got promoted to Manager.
  - ➤ Frase de ejemplo traducida al español: Tras cinco años de una carrera con buenos logros, me ascendieron a gerente.
  - ➤ Cómo decir la frase de ejemplo con jergas, frases o modismos estadounidenses: After five years of my career with good accomplishments, I got **bumped up** to Manager.

- **Back to the grind** – significa volver al trabajo después de un descanso.
  - ➤ Frase de ejemplo: Oh well, our break is over, and we need to get back to work.
  - ➤ Frase de ejemplo traducida al español: Bueno, se acabó el descanso, necesitamos volver al trabajo.
  - ➤ Cómo decir la frase de ejemplo con jergas, frases o modismos estadounidenses: Oh well, our break is over, and we need to get **back to the grind**.

- **Run A dog and pony show** – se refiere a una presentación o seminario para comercializar a compradores potenciales.
  - ➤ Frase de ejemplo: The car representative conducted presentation to market the new model to potential buyers.
  - ➤ Frase de ejemplo traducida al español: El representante de automóviles realizó una presentación para comercializar a compradores potenciales.

> Cómo decir la frase de ejemplo con jergas, frases o modismos estadounidenses: The car representative conducted **run a dog and pony** show to market the new model to potential buyers.

Frases de ejemplo utilizadas en
RESTAURANTES O CENA DE LUJO

- **I'm still working on it** – significa que aún estoy comiendo mi plato, y cerca de terminar.
  > Frase de ejemplo: The waiter is about to get your plate with left over foods. You can say, 'Waiter I'm not yet finished, you can get my plate when I finish my meal'.
  > Frase de ejemplo (traducida al español): El mesero está por recoger tu plato con restos de comida. Puedes decir: "Mesero, aún no termino. Puede recoger mi plato cuando acabe de comer".
  > Frase de ejemplo (dicha con una jerga estadounidense): The waiter is about to get your plate with left over foods. You can say, "Waiter **I'm still working on it**".

- **Mouthwatering** – significa que la comida es apetecible.
  > Frase de ejemplo: The food smells good and inviting.
  > Frase de ejemplo traducida al español: La comida huele bien y luce apetecible.

> Cómo decir la frase de ejemplo con jergas, frases o modismos estadounidenses: The food is **mouthwatering**.

o **OJ** – hace referencia al jugo de naranja.
  > Frase de ejemplo: Do you want orange juice?
  > Frase de ejemplo traducida al español: ¿Quieres un jugo de naranja?
  > Cómo decir la frase de ejemplo con jergas, frases o modismos estadounidenses: Do you want **OJ**?

o **Booze** – significa alcohol, específicamente un licor fuerte.
  > Frase de ejemplo: Alcohol, especially hard liquor is not sold to minors.
  > Frase de ejemplo traducida al español: No se vende alcohol a menores de edad, en especial aquellos licores fuertes.
  > Cómo decir la frase de ejemplo con jergas, frases o modismos estadounidenses:
  Booze is not sold to minors.

• **Yummy / Yucky** – significa una comida que sea deliciosa (riquísima) o desagradable (asquerosa).
  > Frase de ejemplo: I cannot wait for my hamburger its delicious. However, I like to put little amount of ketchup since too much will be disgusting.
  > Frase de ejemplo traducida al español: No puedes esperar por mi hamburguesa. Está deliciosa. Pero me gustaría ponerle solo un poco de kétchup, pues mucho sería asqueroso.
  > Cómo decir la frase de ejemplo con jergas, frases o modismos estadounidenses: I cannot wait for

my hamburger its yummy. However, I like to put little amount of ketchup since too much will be **yucky**.

- **Veggie** – significa "vegetal".
  - ➢ Frase de ejemplo: I ordered vegetables for lunch.
  - ➢ Frase de ejemplo traducida al español: Ordené vegetales de almuerzo.
  - ➢ Cómo decir la frase de ejemplo con jergas, frases o modismos estadounidenses: I ordered **veggies** for lunch.

- **Wolf Down** – significa comer algo tan rápido como sea posible.
  - ➢ Frase de ejemplo: My son woke up late in the morning. With less time, he ate his breakfast as fast as he can.
  - ➢ Frase de ejemplo traducida al español: Mi hijo se despertó tarde en la mañana. Con menos tiempo, comió su desayuno tan rápido como pudo.
  - ➢ Cómo decir la frase de ejemplo con jergas, frases o modismos estadounidenses: My son woke up late in the morning. With less time, he **wolf down** to his breakfast.

- **Have a Bite** – significa darle una probada a la comida.
  - ➢ Frase de ejemplo: Wow, your ordered meal smells delicious! Can I have a sample taste of it?
  - ➢ Frase de ejemplo traducida al español: Guau, ¡lo que pediste huele delicioso! ¿Puedo darle una probada?

➢ Cómo decir la frase de ejemplo con jergas, frases o modismos estadounidenses: Wow, your ordered meal smells delicious! Can I **have a bite**?

- **Grab a Bite** – significa comprar algo para comer.
  ➢ Frase de ejemplo: Its lunch time. Let us go to a nearby restaurant and get something to eat.
  ➢ Frase de ejemplo traducida al español: Es la hora de almuerzo. Vamos a un restaurante cercano y compremos algo para comer.
  ➢ Cómo decir la frase de ejemplo con jergas, frases o modismos estadounidenses: Its lunch time. Let us go to a nearby restaurant and **grab a bite**.

- **I am starving** – significa que estás hambriento.
  ➢ Frase de ejemplo: Let us go to a nearby restaurant, I am hungry.
  ➢ Frase de ejemplo traducida al español: Vamos al restaurante más cercano, estoy hambriento.
  ➢ Cómo decir la frase de ejemplo con jergas, frases o modismos estadounidenses: Let us go to a nearby restaurant, I am **starving**.

FRASES DE EJEMPLO UTILIZADAS AL IR DE COMPRAS

- **Rip off** – significa que un producto está sobrevalorado.
  ➢ Frase de ejemplo: The diamond ring was overpriced.
  ➢ Frase de ejemplo traducida al español: El anillo de diamante estaba sobrevalorado.

➤ Cómo decir la frase de ejemplo con jergas, frases o modismos estadounidenses: The diamond ring was a **rip off**.

- **Grand** – significa "mil".
  ➤ Frase de ejemplo: I have two thousand dollars in cash.
  ➤ Frase de ejemplo traducida al español: Tengo dos mil dólares en efectivo.
  ➤ Cómo decir la frase de ejemplo con jergas, frases o modismos estadounidenses: I have two **grands** in cash.

- **It cost a fortune** – significa que costará mucho dinero.
  ➤ Frase de ejemplo: It will cost a lot of money to buy a new home.
  ➤ Frase de ejemplo traducida al español: Comprar una nueva casa costará mucho dinero.
  ➤ Cómo decir la frase de ejemplo con jergas, frases o modismos estadounidenses:
  It will **cost a fortune** to buy a new home.

- **I am paying through the nose** – significa pagar mucho por algo.
  ➤ Frase de ejemplo: Lyn went to car repair center and pay too much money for her car repair.
  ➤ Frase de ejemplo traducida al español: Lyn fue a reparar el auto y pagó muchísimo por su reparación.
  ➤ Cómo decir la frase de ejemplo con jergas, frases o modismos estadounidenses: Lyn went to car repair center and paid through the nose for her car repair.

- **Cha Ching** – significa ganar mucho dinero, o es dicho cuando esto sucede.
  - ➢ Frase de ejemplo: I sold my old diamond jewelry and got big money!
  - ➢ Frase de ejemplo traducida al español: ¡Vendí mis viejos diamantes y gané mucho dinero!
  - ➢ Cómo decir la frase de ejemplo con jergas, frases o modismos estadounidenses: I sold my old diamond jewelry, **cha ching**!

FRASES DE EJEMPLO UTILIZADAS AL VIAJAR

- **Be on the road** – significa viajar.
  - ➢ Frase de ejemplo: I will be travelling.
  - ➢ Frase de ejemplo (traducida al español): Estaré viajando.
  - ➢ Cómo decir la frase de ejemplo con jergas estadounidenses: I will **be on the road.**

- **A road warrior** – hace referencia a una persona que viaja constantemente.
  - ➢ Frase de ejemplo: Are you a person who travels frequently?
  - ➢ Frase de ejemplo (traducida al español): ¿Eres una persona que viaja frecuentemente?
  - ➢ Cómo decir la frase de ejemplo con jergas estadounidenses: Are you a **road warrior**?

EJEMPLO DE ACRÓNIMOS COMUNES

A los acrónimos <u>no</u> se les identifica como jergas, frases o modismos. Sin embargo, dado que los celulares pasaron a ser parte de nuestra comunicación, es importante incluirlos en este libro también. Tenga en mente que usted, como hablante no nativo, puede recibir textos de este estilo por parte de hablantes nativos. A continuación se presenta una lista de acrónimos comunes en los Estados Unidos y algunas frases de ejemplo de estos, provistas como referencia.

- **AKA** – También conocido como.
  - ➢ Frase de ejemplo: His name is William Smith. He is also called as Bob.
  - ➢ Frase de ejemplo traducida al español: Su nombre es William Smith. También le llaman Bob.
  - ➢ Frase de ejemplo utilizando el acrónimo: His name is William Smith, a.k.a. Bob.

- **TGIF** – Gracias a Dios que es viernes.
  - ➢ Frase de ejemplo: Great, it is now Friday and let me get ready for the
  - ➢ weekend.
  - ➢ Frase de ejemplo traducida al español: Genial, ya es viernes y estoy listo para el fin de semana.
  - ➢ Frase de ejemplo utilizando el acrónimo: Great, its **TGIF** and let me get ready for the weekend.

- **FYI** – Para tu información.

- **BTW** – Por cierto.

- **EOB** – Al final del horario laboral.

- **BRB** – Ya vuelvo.

- **MSG** – Mensaje.

- **LOL** – Reír a carcajadas.

- **DIKY** – ¿Te conozco?

- **BTW** – Por cierto.

- **BAE** – Antes que nada. O versión corta de "bebé" (en un contexto romántico).

- **GOAT** – El mejor de todos (revisa por favor el ejemplo en la página 44).

CAPÍTULO IV
Índice – Guía rápida de referencia

Nota: Utilice el Capítulo III para los ejemplos de palabras o frases

1. ASUNTOS INTERPERSONALES (en orden alfabético)

JERGA, FRASE o MODISMO ESTADOUNIDENSE	SIGNIFICADO
Abrasive	una personalidad dura o fuerte
Air tight	sin debilidad
Are you still up?	¿sigues despierto tan tarde?
Awesome	algo bueno
Bad hair day	un mal día
Bail	cancelar tus planes
Birthday suit	estar desnudo (como los bebés al nacer)
Bite the bullet	hacer algo difícil o poco placentero

Blew me away	algo que sorprende o impacta
Blimp	una persona gorda
Blow your mind	impresionar extremadamente a alguien
Bozo	una persona grosera o tonta
Break bread	comer juntos
Brunch	combinar el desayuno con el almuerzo
Bury the hatchet	dos o más personas que tuvieron un fuerte desacuerdo, discutieron o pelearon e ignoran lo que sucedió en el pasado
Chicken Out	asustarse
Cocky	una persona que tiene demasiada confianza, arrogante y asume que sabe todo
Cold hearted	falta de afecto
Count on me	quiere decir que contar conmigo, o soy una persona con la que se puede contar
Dis	Faltar el respeto
Do you see where I am coming from?	se refiere a un punto de vista personal
Drooling	desear mucho algo
Eating you up	¿qué te está molestando?

Eerie	algo que da temor o es aterrador
Emulate	imitar
Ex	relación pasada
Eyeballing it	estimar aproximadamente mirando
Float one's boat	hacer a alguien feliz
Float your boat	hacer algo que te haga feliz o te satisfaga
Nerd	una persona que prefiere estudiar y es percibida como demasiado intelectual
Game changer	elemento revolucionario que cambia una situación existente
Gig	usualmente se refiere a un evento musical
Goofy	ser muy tonto, o un poco ridículo
Gorgeous	mujer hermosa
Got the picture?	¿Entiendes?
Grumpy	sentirse mal
Grungy	sucio

Guys	sustantivo utilizado para describir a un grupo de personas sin importar el género (puede ir dirigido a un grupo de hombres o mujeres)
Hang loose	permanecer calmado
Happy Camper	la situación me sorprendió o impresionó
He is a ham	a la persona le gusta la atención
Hit the spot	algo que te satisface
If you play your cards right	si todo va de acuerdo a lo planeado
It is a no brainer	la situación necesita un enfoque fácil
Keeping up with the Joneses	hacer algo para mostrar que tienes tanto dinero como otras personas
Knock Off	producto falso de imitación
Laid Back	relajado y fácil de llevar
Later / Talk to you later	lo mismo que decir "te veo en algún momento"
Legit	legítimo o auténtico
Missed the boat	No entender la idea
Mojo	tener buena suerte o encanto que parece provenir de algo mágico

Nerd	Una persona que prefiere estudiar y es percibida como demasiado intelectual
Nifty	algo bueno o ingenioso
No biggie	no hay problema
Norm	normal
Out of the woods	fuera de peligro
Paint the town red	salir y pasarla bien
Pricy	costoso
Pull an all nighter	una sesión de estudio que dura toda la noche
Pulling your leg	mentir o decir algo que no es verdadero
Reservations	no estar de acuerdo
Ring the Bell	"¿te hace recordar?"
Rug rats	niños
Show Off	una persona presumida
Slap on the wrist	castigo
Sly like a fox	una persona muy engañosa
Straight as an arrow	honesto
Stuck Up	una variación de la palabra "presumido". Esto significa que crees que eres mejor que todos, pero en realidad no lo eres.

Take a rain check	rechazar una oferta en el momento, suponiendo que luego la aceptarás
Throw in the towel	admitir que perdiste o fallaste
Throw up	significa vomitar, expulsar algo del estómago y a través de la boca
To keep the wolf from the door	evitar una bancarrota financiera
Twist someone's arm	persuadir a alguien para hacer algo que no suele hacer
Vegan	persona identificada como vegetariana
Wanna be	alguien que le gustaría ser como otro
Way to go	bien hecho
Whatever floats her boat	lo que sea que le haga feliz
What's up?	¿Qué estás haciendo?
When Pigs Fly	algo que posiblemente no suceda
Willy-Nilly	hacer algo por obligación, sin elección
With flying colors	obtener un honor o distinción

2. CONVERSACIONES GENERALES (en orden alfabético)

JERGA, FRASE o MODISMO ESTADOUNIDENSE	SIGNIFICADO
24/7	se refiere a los siete días de la semana, y por lo general significa todos los días
A little bird told me	alguien que no quiere revelar la fuente de su información
Above and beyond	hacer algo más o hacerlo mejor de lo que podrías esperar usualmente de alguien
All set	listo para irse
Alrighty	muy bien
Appreciate it	típica expresión o frase estadounidense, equivalente a decir "gracias"
Ballpark	aproximadamente o un estimado aproximado
Behind the eight ball	condición no favorable o posición incómoda
Birthday suit	estar desnudo (como los bebés al nacer)
Blow your mind	impresionar mucho a alguien

Break the ice	dar el primer paso
Can of Worms/ Open a can of Worms	meterse en algo que creará demasiados problemas
Chill/ Chill Out	calmarse en ocasiones casuales
Dividing Line	separación o distinción de dos cosas
Dovetail	juntar dos cosas
Embellish	añadir algo lujoso para hacerlo más lindo
Eye-opener	situación o evento revelador
Folks	padres
Freebie	dado gratuitamente
From ground up	desde el principio
GOAT	el mejor de todos
Goose bumps	el pelo de la piel de una persona se levanta y tiene algunas protuberancias porque se asustó, sintió miedo o emoción
Have your ducks in a row	prepararse para algo que está por suceder
Hefty	grande
Hey what's up	oye, ¿cómo va todo?
Hit it big	lograr un gran éxito
Hoopster	una persona que juega baloncesto

I feel you	entender y empatizar con otros
In the back of his mind	algo que está en una parte de su cabeza como un pensamiento o memoria, pero no se recuerda perfectamente
In the wind	algo que es probable que suceda
It is a slam dunk	algo que es seguro
Jump off the page	algo que es sobresaliente o interesante
Meet someone halfway	comprometerse
My two cents	mi opinión
Needle in the haystack	algo difícil de encontrar
On a hunch	tener un presentimiento de que algo va a pasar
On no time	muy pronto
Piece of cake	fácil
Play it by ear	hacer algo sin preparación
Pretty much	confirmación de una respuesta positiva
Pull over	detener un vehículo en un borde o al lado de la carretera
Pull the rug from under the feet	quitar súbitamente el apoyo o soporte
Razor thin	extremadamente angosto
Reservations	no estar de acuerdo

Right off the bat	afirmar rápidamente
Right on the money	correcto o preciso
Same here	estoy de acuerdo
Shoo-in	una persona está segura de ganar
Somewhere in the neighborhood	el mismo significado que "ballpark"
Startling	algo muy sorprendente o asombroso
Stir the pot	echar leña al fuego en una situación
Straight from the Horse Mouth	algo que provino directamente de la persona que dijo el enunciado
Straw that broke camel's back	límites de una persona, su máxima resistencia o punto de inflexión
Sugar coated	encubrir
Sweep them under the rug	esconder algo esperando que no sea descubierto por otros
That is Nickel and Dime	irrelevante o poco importante
That's water under bridge	algo que ya se superó y no vale la pena mencionar
The whole nine yards	todo
Tip of the iceberg	parte del problema que puede ser apreciada
Touch base	mantenerse en contacto
Uh-huh!	sí

Uh-uh	no
Uncanny	algo misterioso o extraño que parece sobrenatural
Up in the air	algo que es incierto
When rubber hit the road	se probará la idea o teoría
Whiz	una persona inteligente
You bet!	típica expresión o frase estadounidense, equivalente a "de nada"
You cannot see the forest for the trees	algo de lo que no puedes ver todo el panorama (como un bosque) porque estás demasiado ocupado enfocándote en los pequeños detalles (árboles)

3. TRABAJO o NEGOCIOS (en orden alfabético)

JERGA, FRASE o MODISMO ESTADOUNIDENSE	SIGNIFICADO
An "A" Item	de máxima prioridad
Another feather on my hat	un logro que te ayudará en el futuro
Apple to apple comparison	dos cosas comparadas al mismo tiempo
Apple to orange comparison	dos cosas comparadas que no son iguales
Back to the grind	volver al trabajo después de un descanso
Boo Boo	un error
Bottleneck	factor crucial que afectará al éxito de la actividad
Brainchild	idea o invención de una persona
Bumped up	ser ascendido
Buy in	aceptación o voluntad de apoyar
Challenge	hacer una pregunta de si algo es verdadero o correcto
Chicken	ser cobarde
Covered all the bases	encargarse de todo
Cumbersome	difícil

Cut and Dried	completamente decidido
Cut corners	utilizar un atajo o hacerlo de la manera más sencilla
Data massage	corregir (limpiar datos de mala calidad) o manipularlos
Dead Set	algo que fue determinado o decidido firmemente
Dialed In	algo que está acoplado a su entorno
Dig your heels in	rechazar cambiar tus planes o ideas sobre algo
Do not put all your eggs in one basket	no dirigir todos los recursos a una sola área, pues podrías perderlo todo
Done deal	el trabajo o actividad ha sido completada
Down the wire	cerca de la fecha límite
Downsize	hacer algo más pequeño
Drop a dime	hacer una llamada telefónica
Drop the ball	la persona o equipo no logró completar su tarea
Feather your own nest	utilizar tu cargo o autoridad para obtener un beneficio personal
Flimsy	débil o hecho de un material débil

Fly by the seat of one's pants	hacer algo difícil inclusive cuando no se tiene la experiencia
Fool Proof	implementar una acción que seguramente no fallará
Gating Item	problemas o inconvenientes que evitan que un proceso común siga avanzando
Get the hang of it	acostumbrarse
Gung Ho	persona muy entusiasta y dedicada
Hang the moon	te refieres a una persona que pensaste que era extremadamente buena o asombrosa
Have a lot on my plate	ocupado
Heads up	informar o notificar
Hit the nail on the head	encontrar la respuesta apropiada
How much are you making?	cuánto ganas en tu trabajo
Impromptu	realizar una actividad o hacer algo sin planificarlo
In a nutshell	describir algo de una manera sencilla

Keep one on your toes	algo que te detiene de relajarte y te fuerza a estar listo por si sucede cualquier cosa
Lead the Baton	tomar el liderazgo
Leave no stone unturned	hacer todo el esfuerzo posible
Looking at one's shoulder	preocuparse por la posibilidad de que algo malo puede suceder
Low hanging fruit	algo que es fácilmente alcanzable
Make hay while the sun shines	maximizar las cosas cuando tengas la oportunidad, sin esperar hasta que sea muy tarde
Make the call	tomar la decisión
Massage the data	el original cambiará y será manipulado
Mom and Pop Shop	una pequeña unidad de negocios
Nip it in the bud	detener algo antes de que se desarrolle
Nitty Gritty	adentrarse en lo que es esencial y básico
No brainer	la situación necesita un enfoque o solución fácil

Not touch it with a ten-foot pole	no considerarás involucrarte en algo sin importar la circunstancia
Off the hook	ya no es responsable
Plan A	plan principal prioritario o crucial
Plan B	plan alternativo
Push the envelope	llevar algo al límite o hacer algo al máximo
Raise the bar	elevar las expectativas o estándares
Red line	tomar notas y resaltar las frases más importantes de un documento
Right down your alley/ right up your alley	sería perfecto para ti o ideal según tus capacidades e intereses
Run out of gas	no se tiene la energía requerida para completar una actividad
Safety net	salvaguardo o seguridad
Set stone	establecido
Sharp	persona inteligente
Shed light	revelar o aclarar
Snapshot	estado inicial

Steal one's thunder	alguien roba tus ideas o invenciones para su propio beneficio
Still wet behind the ears	sin experiencia
Test the Water	enterarse de cómo es algo realmente
The bottom line	el resultado
The cutting edge	el último, más avanzado de su tipo, o estar a la vanguardia
Thrown a curve ball	sorprender a otros con algo que creen que es difícil de lidiar
To burn the bridges	una persona hizo tan inapropiado que es imposible recuperar la situación
To cry wolf	dar una falsa alarma sobre algo
To rest your laurels	estar satisfecho con tus logros a los que haces el mínimo esfuerzo para mejorar
Under the gun	bajo presión
Under the gun	la persona está bajo presión de cumplir con la fecha límite
Understatement	de menor importancia
Upset the apple cart	estropear un plan cuidadosamente elaborado
Verbiage	el uso de muchas palabras

Walk on water	desempeñar una tarea imposible
Wear many hats	puede tomar distintas actividades o roles
What are you up to?	"¿qué estás haciendo?"
What do you do for a living?	"¿de qué trabajas?"
What 's up?	lo mismo que decir "¿cómo está todo?"
What is the hold up?	"¿cuál es el problema que está causando el retraso?"
Win win situation	situación beneficiosa donde todas las partes se beneficiarán del resultado
Wing it	lo mismo que "impromptu"
Wordsmith	modificar y editar un documento
Writings on the wall	predicción

4. en un RESTAURANTE o CENA DE LUJO (en orden alfabético)

JERGA, FRASE o MODISMO ESTADOUNIDENSE	SIGNIFICADO
Booze	alcohol, específicamente un licor fuerte
Grab a Bite	comprar algo para comer
Have a Bite	darle una probada a la comida
I am starving	Muero de hambre
I am still working on it	aún estoy comiendo, y cerca de terminar (en un contexto de restaurante)
Mouthwatering	la comida se ve apetecible
OJ	jugo de naranja
Veggie	vegetal
Wolf Down	comer tan rápido como sea posible
Yummy / Yucky	significa una comida que sea deliciosa (riquísima) o desagradable (asquerosa)

5. AL IR DE COMPRAS
(en orden alfabético)

JERGA, FRASE o MODISMO ESTADOUNIDENSE	SIGNIFICADO
Cha Ching	ganar mucho dinero, o es dicho cuando esto sucede
Grand	mil
I'm paying through the nose	pagar mucho por algo
It cost a fortune	costará mucho dinero
Rip off	un producto está sobrevalorado

6. AL VIAJAR (en orden alfabético)

JERGA, FRASE o MODISMO ESTADOUNIDENSE	SIGNIFICADO
A road warrior	una persona que viaja constantemente
Be on the road	viajar

CAPÍTULO V

Contáctenos

- *Háganos saber si tiene preguntas, o cómo podemos ayudarle.*
  Contacto: https://mieslamericano.com

- *Para ordenar este libro, diríjase a la página web de la empresa https://mieslamericano.com*

- *Nos encantaría informarle que ya están disponibles las opciones de eBook y eAudio.*

NOTAS

NOTAS

NOTAS

NOTAS

NOTAS

NOTAS

NOTAS

NOTAS

NOTAS

NOTAS

Printed in the United States
by Baker & Taylor Publisher Services